王品
你没有全尝到

苑辉 / 采访编写

wowprime

上海社会科学院出版社
SHANGHAI ACADEMY OF SOCIAL SCIENCES PRESS

序一

吴伯凡

中国有句老话说得很好,叫"民以食为天",其背后的含义表示出:中国是一个极其爱吃,又极其讲究吃的民族。因此身处中国的餐饮行业,做好一道菜、开好一家店、经营好一个品牌绝不是一件容易的事,更不是一件朝夕之事。

随着互联网、微博、微信等现代社交化媒体的出现,餐饮行业比过去任何一个时代都面临更加多的考验,这是一个全民皆是评论家的时代,任何的疏漏、瑕疵、过错都会被几何式的放大,通过各种渠道影响到餐厅的口碑。

这样的时代加速了许多餐饮品牌的消亡,但也同时使得更优秀的品牌脱颖而出,在这方面,"王品"是一个极好的例证。

王品是发源于台湾的一家连锁餐饮集团,成立于1990年,并于2012年一季度在台湾登陆资本市场。台湾的连锁餐饮公司中,王品的规模排名第一。王品集团旗下截至2018年4月有20个餐饮品牌,在各个市场据领导地位。在台湾《远见》杂志2011年最佳餐厅前五名中，王品集团所属品牌独占前三名。

尽管总部地处台湾，但大陆消费者对于王品并不陌生。这家以牛排起家的公司除了在台湾拥有300多家门店外，如今在大陆也已经开设了100多家营业门店，大陆地区共运营着六个品牌，即王品牛排、西堤牛排、花隐日式怀石料理、鹅夫人港式餐厅、蜀三味川菜、舞渔日料·美人胶原锅。

非常值得一提的是，在2012年年底中央出台八项规定，明令禁止三公消费后，许多涉及高端餐饮的会所、酒楼都一蹶不振，歇业倒闭，关停并转无数，但是王品在大陆的经营却没有受到丝毫影响，反而是在2014年有了大幅度提升。

这不能不说是一个餐饮行业的奇迹。

经过近30年的历练，王品形成了一套独有的管理哲学，这套体系不同于西方的MBA，信奉的是儒家管理、道家领导、法家执行。

这本书讲述了王品的独特的管理哲学和方法，很多鲜活的案例值得同行与后人去细细品味与咀嚼。

序二

袁 岳

一个道行很高的法师,被几百个想做他徒弟的人包围。法师说,我要考试的哦。大家说,没问题。法师问,你们想学绝世修为么?众答,是的。法师说,那需要有很强的耐心。众答,没问题。法师说,那意味着你承诺过的事情必须言出必行。众答,没问题。法师说,那你们愿意挑水么?众答,没问题。法师让众人去挑水,大家都去,半年后,一些人就悄悄地走了。一年到了,有人问法师,怎么能学到绝世修为呢?法师说,继续挑水。又有一半的人走了。三年后,只有两个人还在坚持挑水,而且没有怨言。法师拦住他们,告知他们的绝世修为已经修成了心性的大半,现在可以教给他们另外一点技巧了。

又有一个法师,遇到有人问:大师,一个人没得道的时候有啥表现?法师答:吃喝拉撒睡。那么得道以后呢?这人追问,法师说,还是吃喝拉撒睡。那么区别在哪里呢?这个人不甘心,法师说,区别在于他就那么自在地吃喝拉撒睡。

人世间固然有大学问、大道理、大功夫、大手段、大技术,但是得到这些的方法也许就在于投入、在乎、专研、聚焦、尝试、执着、优化、淬炼、提升。如果你是一个农人，这样做就是农艺大师；如果你是个匠人，这样做就成了工艺大师；如果你是一个泡茶的，这样做就可以成茶艺大师；如果你是个舞棍的，这样做就成了功夫大师。我们细细看那些著名公司、服务典范、励志人物。如果抛开包装效果，仔细看看他们做的，尤其是看他们开始一步一步做的，难道他们做到的我们有谁真的做不了吗？或者那些做到的人真的有三头六臂吗？都不是。

说起历史伟大人物，孔夫子受过一个大委屈，说他歧视女性，证据就是他说过，唯女子与小人难养也，近之者不逊，远之则怨。其实，那个时代是没有女子这个说法的，"女"是"汝"的通假字，"子"是对于有学问的人的尊称。孔夫子原来是在谦虚地说，你们的老先生我与小人物没啥两样。对我太亲热了，我嫌你们不知礼节；与我太疏远了，我又会抱怨。这也说明了一点，圣人也不是不食人间烟火，他的修为只是因为每天多反思、多注意检讨（日三省乎己）而产生的自律而已，而真要做到，就是对于他老人家而言也不那么容易。老子要我们放松而随自然的本性；耶稣要我们放下一切的重担，只要相信他是上帝的儿子来做救世主的。这些真的很难做到吗？再具体到麦当劳、海底捞或王品这本书中说的事情，大家觉得真的做不到吗？粗略一看，似乎都可能做到。但是，一旦去尝试，就发现做一段时间可以，很多人却很难长期做到。我们的很多企业从来没认真设计怎么去做，也就更谈不上做到。

所以，道理很清楚，这个世界上的企业竞争力不是道理的高低与学问的深浅，也许最简单的道理还可能是我们最没有注意认真去做的。能做到这些道理的关键在于：在起而行之的过程中，从自发到自觉地建立起来一个能够将看起来细碎的事情管理起来的有道理系统，一个能将道理转变成做法的示范体系，一个做了这些事情就能体现意义的文化指向与成就感赋予模式，一个能做到而不断获得正反馈的养成机制。所以看这本书，道理可以思考，而最应该注意的恰恰在于怎么让好的事情做到而且做成自然人与法人的文化习惯。此处才是须品之处，能品到的不会白品，品而行到的或可成王品。

目　录

序一 / 吴伯凡 ·· 1
序二 / 袁　岳 ·· 1

引子 ·· 1

我们都是一家人 ······································ 1
　　送一份安心给家人 ································ 3
　　天南地北去家访 ·································· 6
　　十个月的皇后 ···································· 11

水涨船更高 ·· 17
　　大池塘里养小鱼 ·································· 19
　　同立场换来同理心 ································ 23
　　毕业一年当店长 ·································· 27

发现另一个自己 ·· 31
我把初吻献给马桶 ······································ 33
写字楼电梯惊魂 ·· 36
告别过去，迎接开始 ···································· 39
做对的事，结果自然来 ·································· 42

把公司办成大学 ·· 47
晋升，学分先批准 ······································ 49
凶猛"归零膏" ·· 52
升高木桶的短板 ·· 56
汲取智慧的"吸星大法" ································ 59
年尝30店，吃喝有理 ···································· 63
登30岳，游30国 ·· 66

运动输送正能量 ·· 71
自行车绕骑青海湖 ······································ 73
三铁勇士勋章 ·· 78
牦牛脚步的自然律 ······································ 80
"步步"算计 ·· 84

用工作的专注去游戏 ……………………………………… 87
中常会演反串 …………………………………… 89
下半年的旅游季 ………………………………… 92
玩中的"魔鬼细节" ……………………………… 95

多品牌成就王品 …………………………………………… 99
品牌如来神掌 …………………………………… 101
红三角 Cool ……………………………………… 104
常胜"十字"军 …………………………………… 108
没有中央厨房的连锁餐厅 ……………………… 111
蛹化成蝶五部曲 ………………………………… 116

打造企业永动机 …………………………………………… 119
为同仁的感动服务喝彩 ………………………… 121
海豚经济学 ……………………………………… 126
人人能看到的账本 ……………………………… 131

把公司交给客人监督 ……………………………………… 135
六百里送句"对不起" …………………………… 137
不满意,就重新再上一份 ……………………… 141
顾客意见最大化 ………………………………… 143

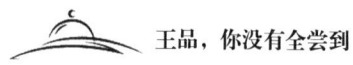

投诉，天使的佳音 …… 146

用制度解放人性的弱点　151

董事长的格子间 …… 153

习惯假私济公的高管 …… 156

二十元天条 …… 159

职位越高，"不得"越多 …… 164

不雇近亲，唯留王品一派 …… 167

上通下达的管道　171

斌哥开办聊天室 …… 173

上司不听耳语 …… 176

处罚再小也是天大的事 …… 180

创业，可以复制　183

内部创业育狮王 …… 185

一个负责生、一个负责养 …… 187

一五一方程式 …… 190

创业，维新初心　195

鸵鸟失乐园 …… 197

一头牛仅供六客 …………………………………… 202
骑自行车找店铺的董事长 ……………………… 206
鹅夫人试画第二曲线 …………………………… 210
未来三十年之宏愿 ……………………………… 214

附录：价值观和通则 …………………………… 219
王品九条通 ……………………………………… 221
家族宪法十一条 ………………………………… 222
龟毛家族二十四条 ……………………………… 223

后记 ……………………………………………… 225
致谢 ……………………………………………… 230

引 子

2013年的一个冬天，几位朋友相约去王品牛排"拔草"。一道道美味入席，我食指大动，胃口全开。正在我刀叉并用，忙得不亦乐乎的时候，出版社的应韶荃编辑用餐叉挑起一块牛排，突然问我："苑辉，你想不想挖掘一下这块牛排背后的故事？"我之前有所耳闻，王品是海底捞的张勇所推崇的企业。在张勇眼中，餐饮业称得上是一流品牌的只有两家，其中之一就是王品。因此，出于职业本能，我对王品充满了好奇。奈何我嘴里刚好含着食物，缺乏转动舌头的空间，只好点点头，含混地发出声音："嗯！嗯！"

没想到，出版社的工作效率非常高。联系、协调、沟通的过程异常顺利。不久，正式的采访就开始了。等到我们与王品的董事长陈正辉、执行长李森斌、市场拓展中心总经理赵广丰、人资中心总经理李玉婷、管理部副总许侦微，以及诸多门店店长、店员面对面时，我发现，一块小小牛排背后的确大有乾坤。王品这家公司做到了太多的不可思议。

——从一家牛排馆起步，王品目前旗下已经有20个餐饮品牌。品牌这么多，"左右手互搏"的现象居然没出现！首次开创中餐品牌鹅夫人，一年就摘得米其林一星。

——王品拥有400多家餐厅，却没有一个真正意义上的中央厨房。没有中央厨房，依然能确保顾客去不同的店能吃到的风味不走样！

——餐饮业素来是人力资源高流动性的重灾区，但王品的同仁离职率为3％—5％，店长以上管理者离职率不到1％！

更加近距离地观察这家公司，我们发现王品的行为也与普通公司迥异。王品花了大量的人力、时间、心思在做一些似乎与公司业绩并不相关的事情：

——高阶主管每年都要对新晋经理级及以上同仁进行家访，有时甚至不远千里。

——鼓励同仁参加公司免费旅游，想尽心思周到安排公司旅游的每一个细节。

——环青海湖骑行、半程马拉松等企业文化活动，每年都举办，公司组织，同仁自己掏钱。

——要求主管每天步行一万步，不购买超过35万的豪华车。

——鼓励同仁游30天、吃30店、登30岳。

——不得收超过20元的礼物。同仁聚餐，必定是职级高的人埋单。

引 子

——一万多名同仁的公司,没有购买一辆公车。董事长出行得靠私家车。

——店面运营的数据在内网公开,毫不畏惧财务信息泄露,引发天下大乱。

令人奇怪的是,尽管这些行为似乎有些"不务正业",王品不但没有反应不良,业绩反而年年高速成长。即使在中国经济增速放缓的情况下,王品的业绩仍然保持逆势上扬。2013年,内地高端餐饮纷纷关店、转型,王品却因为套餐不设酒局几乎未受到"严控三公"的影响。我们把"王品为什么能做到这些"的问题抛给王品的市场拓展中心总经理赵广丰。赵总谦逊地回答:"找对人,走对路。"

赵总的提炼完全正确,所有的成功都可以归结到正确的人做了正确的事情。然而,这个回答却并不能令人完全满意。因为,它又会衍生出另一个问题:为什么王品能网聚到正确的人去做正确的事?

随着王品知名度的扩大,报刊媒体上已经可见诸多相关的报道。有一种观点把王品的成功归结为"儒家管理(仁民爱物,一家人主义),道家领导(无为而治,透明公正),法家执行(王子犯法与庶民同罪)",认为王品是典型的"中国式"管理。但相对而言,我更认同城邦集团的何飞鹏先生对于王品经营逻辑的解释。大意如下:

一、王品具有中国传统儒家"仁民爱物"的核心价值观,重视每一个人、每一个家庭,然后才是公司运营。创办人相信,从修身、齐家,进而经营公司,启动成长。

二、王品的经营者具有社会主义色彩。"一家人主义"、家庭访问、高阶主管买车不得超过35万元、同仁重症关怀基金……这些都具有社会主义对每一个人同等照顾、养生送死的观念。

三、王品是个极端重视资本主义高效率经营的团队。实时奖励，每月分红，标准化作业流程，再加上极具吸引力的内部创业制度，构成王品快速成功的原因。

何飞鹏先生进而指出，王品是一个植基于中国儒家思想的社会主义经营理想国。把一些看似可能矛盾的理念，用很特殊的方法融合为一体，变成最具资本主义高效率、高成长的团队。王品的模式彻底颠覆了企业经营模式，值得每一个老板重新思考。

王品的成功，毫无疑问可以从多个方面去寻求答案。每个人站的角度不同，看到的风景也不一样。回过头来看，笔者唯一能确定的是，这家明星企业的稳步成长，与它的奇特的制度和文化有极大的关联。因此，在本书中，我们打算只详细记录王品公司里发生的那些人和那些事，不再追问王品为什么成功，而把思考的权力留给读者。

本书的鲜活素材由王品的陈正辉董事长等一行提供，刀工火候则全在于笔者。好在食材刚刚采摘，鲜嫩多汁，无论怎样的做法都不失原香。现在，趁热，赶紧，端盘入桌。希望读者能品尝出在王品餐厅中没能尝到的更美味道！

王品
你没有全尝到

我们都是一家人

> 世事无常，繁华如梦，公司只有为同仁们撑起更多的保护伞，同仁才能安心工作，拼命向前。

送一份安心给家人

永钦工作一直勤勤恳恳，近两天上班却总是提不起精神，做事经常出错。这不，今天又打算请两天事假。西堤牛排北京崇光店的店长觉得有必要问问情况。

电话接通后，永钦一时不知道从何说起，先哽咽起来。

问好半天，他才说出原因。永钦在河北邢台老家的妻子病了，是直肠癌，需要再次手术。准备返家照顾妻子的永钦，心里正为手术费没有着落而着急。

永钦家的日子过得紧紧巴巴。上面有一个老母亲，孩子才一岁多，永钦的妻子只好在家照顾一家大小。家里的收入，都是靠永钦一人。第一次手术的时候，永钦借了5万元的手术费，本以为可以渡过难关，谁料想病情变化，需要二次手术。再要借钱，真不知道如何开口？上次欠的钱还没开始还，这次又借，连永钦也不知道要多久才能还清？

几万元的手术费堵在心头，让永钦茶饭不思。更严重的是，妻子开刀手术，自己还要离开单位回家长期照顾，工作恐怕也得丢掉。更别说还上治病的钱！

听到永钦和盘托出，电话的另一头，店长也着急起来。

他先准了永钦的事假，接着又安慰永钦，让他别急，出了事情，大家会一起想办法。

店长打算试试同仁募捐。大家都是普通的工薪族，在北京生活本来就不容易，但既然是同仁，有难当然应该一起扛。回到店里，店长把自己的想法一说，大家纷纷掏腰包捐款，接着邻店的同仁也参与进来。陆陆续续，为永钦凑了近两万元，但离手术费用还差得远。

有同仁提醒经理，是不是可以尝试申请一下"陈正辉同仁重症关怀基金"。店长觉得这是一个好主意。尽管永钦入职才十个月，只算一个新同仁，不太符合"同仁重症关怀基金"要求入职一年的标准。但是，永钦平日工作努力，家中情况特殊，值得一试。

永钦的申请以及各种证明文件，在2013年11月15日摆上了王品中常会的讨论桌，这是王品集团的最高决策团体。经过投票，大家一致同意启用"陈正辉同仁重症关怀基金"，给予永钦一次性三万元的捐助。永钦妻子11月底的第二次手术顺利进行！

王品的"同仁重症关怀基金"针对因重大疾病致生活发生困难、急需救助的集团大陆同仁及直系亲属。基金的全部资金都来自陈正辉董事长和英美惠总经理的个人收入，每次资助的金额上限为三万元。

除此之外，为了鼓励家境贫困或家庭遭遇变故之同仁子女顺利完成学业，王品在大陆还设立有"陈正辉同仁及子女奖学金"。工作满一年以上之全职同仁，家庭具备低收入条件的皆可申请。同仁在每年6月20日和12月5日之前有两次申请机会，每次每个分店有两个名额，总部每五十位同仁有一个名额。

"同仁教育星光奖学金"是王品的执行长李森斌掏腰包设立的基金，主要用于鼓励同仁参加继续教育学院的网络课程和自学考试，以获得国家认可的学历。工作满一年以上之全职同仁，都可以申请。李森斌自2015年开始每年都会给基金注入10万元的资金，王品大陆事业群的合格申请人可以因此获得3 000—6 000元的求学奖励。

"同仁重症关怀基金""同仁及子女奖学金""同仁教育星光奖学金"，王品之所以设立各种保障基金和助学基金，秉承的是一家人主义。同仁之间的感情，就像同锅吃饭的兄弟；同仁与公司的关系，就像一对结发夫妻。在社会提供的各种职业保障基础上，王品希望公司能再为同仁扛上一肩，减少他们的担忧。世事无常，繁华如梦，公司只有为同仁们撑起更多的保护伞，同仁才能安心工作，勇往直前。

> 倘若每年一次的家庭访问，能让"正确的人安心地待在正确的地方"，那么就企业经营而言，就获得了长期的价值。

天南地北去家访

对于大多数人来说，家访是儿时的一段美好回忆。读小学时，每学年老师会来家里访问。来到家中的老师，看起来不再那么严肃认真，整个人显得亲切，就算聊到成绩，也是笑呵呵地，鼓励多于责难。

踏入社会后，公司基本上不会派人对同仁实施家访。除非"发生了大事"（倒不一定都是祸事，也许是美事），否则公司里的人不会来到家中。王品的做法有些不同，因为奉行"一家人主义"，拜访、探望同仁的家庭，成为高管每年必然的行程。

驱车走遍台湾，是几个小时的行程，一路风光旖旎，倒也不觉得累。在繁忙的工作之余，王品集团的台湾高管权当家访是换个环境，放松一下心情，想想倒也可行。

但是来到大陆，家访可就变得真的不太容易。

同仁们来自天南地北，五湖四海。工作地点在上海，家人却在湖南；自己在北京上班，父母却在广西。不少同仁的家在偏远的山区农村，一趟下来颇费周折。基本上是乘完飞机要搭火车，大巴颠簸几十公里再换摩托车，招完出租车再跳上拖拉机，最后往往还得凭借两条腿踩上一大段泥巴路才能抵达。不过，这也让主管体会到同仁们的辛苦和付出。因为工作繁忙，因为交通不便，很多同仁几年才回一次家，几年才能跟家人团聚一次。作为公司，真的应该深深感谢这些同仁，感谢家人对他们的支撑。想通了这些，家访的辛苦也就算不上什么。

每次的拜访，王品的高管们都会带上一份伴手礼。礼物算不上贵重，却能让同仁的父母感到高兴。农村民风淳朴，热情好客。知道公司高管要来家访，村里可就忙活起来。一些同仁的家长一早就赶几十里路到山外来迎接，有的天还没亮就开始准备宴席。

前去拜访的高管于是有机会品尝到许多当地的山珍海味，大快朵颐。不过，也有"盛情难受"的时候。王品的执行长李森斌被同仁们亲切地称为"斌哥"。有一次，斌哥辗转来到诸暨一位同仁的父母家中。老人家特地准备了满满一桌佳肴，招待来自儿子公司的贵客。

"嗯，这个土猪的味道鲜美，烧得好吃！"斌哥边嚼边大声称赞。

"才不是猪肉，是我们这里最有特色的狗肉！"老人家得意地说。

"狗肉？！"斌哥愣了几秒，赶紧低头扒一大口米饭，和着口中的"猪肉"硬吞下去。为了避免尴尬，筷子伸向了另一道菜。"哇，卤猪肠看起来很棒！"

"不是猪肠，是风味狗肠噢！"老人家开心地又一指："还有狗肉火锅！"

原来，诸暨素以狗肉飘香闻名，老人家为了招待贵客，摆上狗肉全宴。满座佳肴琳琅满目，斌哥却左看右看，不知道从何下箸。犹豫了许久，挠挠头，不好意思地告诉正在兴头上的老人家："实在抱歉啊……我从不敢吃狗肉。要不，帮我来盘青菜吧！"于是，这一餐，宾客青菜白饭，主人狗肉大餐，宾主依然尽欢。

由于年年都拜访，关系越来越熟，同仁的家人也就把公司来客当成串门亲戚一般。有时老先生、老太太会焦虑地说："怎么办？都老大不小了，还没有成个家，请帮忙留意一下合适的人吧！"听到这种拜托，高管们回来后往往以"兄长""大姐"的身份跟当事人说："老人家这样为你操心，你得加把油，今年必须把结婚纳入工作重点。"

别小瞧，高管的发话还真是有用，在这样的"命令"之下，许多同仁会迅速把"心动"变成行动，不少同仁的"个人问题"真的立即解决。有的是公司内"自产自销"，也有的是"引进或出口"。来年再去家庭拜访，少不了就当事人的感情秘密向老人家"通风报信"，有的干脆就得意地宣布："大功告成！今天我要吃蹄髈！"

王品集团的分店和同仁数每年都在迅速增长。对全部王品同仁进行家访是不可能完成的任务，因此王品选择具有区经理和总部经理以上职位的同仁，作为家庭拜访的主要对象。这些主管工作敬业，专业素养优秀，是整个集团的中坚力量，也是日后希望之所托，王品集团各事业部负责人每年重要行程就是到这些主管家中拜访。一个都不能少。

尽管限定和缩减了范围,营运负责人每年花在家访的时间仍要超过一个月。为了减少负责人的舟车劳顿,有些同仁就想出了变通的办法。一位土家族的区经理来自湖北施恩的峻岭高山,去一次父母家,舟车至少要花费两天一夜。得知自己的父母要到重庆旅游,他赶紧邀上自己的主管执行长斌哥。斌哥搭了三个小时飞机来到重庆与他们会面,终于把家访缩短在一天完成。

旅费自己出,时间自己挤。"这完全不符合逻辑。"对于王品的这种"犯傻",很多企业界友人都不能理解。以一名营运负责人的日均薪资,加上家访所花费的差旅开支,的确可以推算出一次家访的成本巨大。

可是,每一次把成本问题抛向王品人,他们给出的回答都是:怎么能从这个角度看?如果你要去探望的是自己的家人,你会如何呢?家人之间,是无价的。为家人所做的一切,谁都不会去用金钱来计算。

家庭访问一次说起来不难,但坚持不间断地做20年却要"用心"才行。把家访当成一件"发自内心"的任务来办,一年,两年,三年……念念不忘,年年用心,诚意就出来了。同仁的家人受到感动,也就感动了同仁。

在王品人看来:同仁的行为和价值观来自父母,也来自环境。亲自看看家庭状况,会理解同仁的某些行为是有原因的。亲自拜访家长，也可以让家长了解同仁在公司的表现，进而获得家庭的支持。有时候，上司的要求可能会使下属产生抵触情绪，而自己家人的建议就会心平气和地接受。

通过家访，公司对同仁们有了更多的了解，同仁们则收获了温暖和尊重。家庭是个人存放安心之所。有了家的支持，一起拼，一起赚，一起玩，当然就有了可能。倘若每年一次的家庭访问，能让"正确的人安心地待在正确的地方"，那么就企业经营而言，就获得了长期的价值。的确，在王品的发展过程中，不少优秀人才在面临多种职业选择时，他们家人往往将赞成票投给了王品，这份信赖来之不易。

> 家人能为你做的，永远超过同仁。像关心自己的家人一样来关心同仁，使每一个同仁都备受感动，主人翁精神将不激而发。

十个月的皇后

尽管劳动法早就写明，雇主在招聘广告中不得对女性有任何歧视。但考虑到女性的生理因素，一些企业仍然不喜欢雇佣女性同仁。大部分女性到了适婚育龄，在面试时基本都会被询问是否已婚已孕。若是未孕，恐怕还会接到些许暗示"希望你在几年之内不要生小孩"，亦或者同等条件下，丧失了某些竞争优势。还有一些企业为了避免女性怀孕带来的麻烦，在内部设立"潜规则"，女性同仁一旦怀孕，立即成为二等公民，不仅让出关键岗位，待遇也一落千丈。在这些公司看来，女同仁怀孕了，身体产生不适，按医嘱定期产检，长时间休产假，产后还要哺乳，不仅影响产出，也给工作安排带来诸多纷扰。让她们到角落里待着也罢。

习惯势力太强大。很多话不用明说，彼此就明白。所以从事餐饮行业的女性，大多默默接受这条不成文的规定，只好无奈地"坐冷板凳"。有的女同仁，在入职的时候就暗自打算："一旦怀孕，就回家！"对公司完全失去了信任和信心，自然也不会投入自己的全部心力。

王品，你没有全尝到

王品五角场店的店长小同被问及女性同仁是否会因怀孕遭遇不公正时，这位从大学毕业就来到王品的"新晋妈妈"的神情显露出不解："这怎么会是个问题？"原来，毕业之前的她并未意识到有很多公司会慎重考虑女同仁怀孕对工作的影响。来到王品后，她更是"开开心心"地度过了那十个月，并享受到了王品的"特殊"礼遇。

在王品，怀孕是件举店同庆的大喜事。如果说在王品"吃饭皇帝大"，那么在这里，孕妇就是"皇后"。喜讯一旦公布，怀孕同仁立刻坐入"店内第一把交椅"。店长得注意减轻其工作量，以行政或柜台工作为主；同仁会帮忙出差，尽量不让孕妇舟车劳顿。开会时，主管会帮忙拉椅子、拿靠垫。"皇后"觉得累了想休息，主管绝对不会说"不"。万一同仁因为工作负担太重而发生意外，主管必定要被追责！

小同怀孕的喜讯传出时，正遇上她所在的店面要装修，担心装修后的化学气味对孕妇产生伤害，店长在第一时间向公司提出申请，安排小同去另一家店工作。经过讨论后，小同被调到了王品世博店。这样的安排，是因为小同上下班的路程会近很多。那么，世博店的同仁会不会有意见呢？"皇后"驾到，欢迎还来不及呢！世博店的店长特地为小同安排了柜台的工作，不用太多走动，还能尽量避免晚班。同仁们更是个个帮忙，产检时踊跃代班，抽空就帮小同搭把手，好让小同能多休息一下。

女性同仁怀孕的确会增加他人的工作量，不过，公司怎样做还是取决于你怎么看待同仁。对于怀孕这件事，王品换了个思路：如果怀孕的是你的姊妹、妻子，你会如何？心态一定截然不同！只要母子平安健康，代价再高，你也愿意付出。所以，问题的重点不在于成本，而在于心念：看成一家人，就是喜庆事；无法将心比心，就变成了麻烦事。

上行下效。同仁们的眼睛都是雪亮的，眼睛里常常看到，手上就自然做到。公司无论召开什么规格、多大规模的会议，孕妇都能享受格外的礼遇。挺着大肚子走路不方便，会场过道又狭窄，因此靠近出入口的位置必须留给她们。散会时，不管是董事长，还是总经理，所有与会同仁一定要坐在座位上，耐心等待孕妇先退场，确定她们安全之后，才能离座。尾牙看表演，舞台前设"孕妇专区"，让怀孕的同仁能近距离安全观赏。

当皇后是女性同仁的专利，但男性亦能沾光。男性同仁若是妻子分娩，可以申请陪产假。独身、晚婚的同仁愈来愈多，宝宝愈来愈稀罕，"生产"当然是一件大事。不管公事有多忙，见证宝贝的出生是第一要务，因此王品把男同仁的"陪产假"用明文规定，让新爸爸们"理直气壮"地享受初为人父的喜悦，也能更好地照顾好自己的太太。羡慕别人有陪产假可以申请，有同仁问："我嫂嫂要生产，我是当叔叔的，可不可以也请陪产假？"这可真是张公帽子李工戴，陪产假只有自己太太生产才能享有。想要享受这个权利，你得自己再加把油！

宝贝一旦出生，自然成为倍加呵护的对象，但妈妈也需要格外被关心。新晋妈妈回到工作岗位，都会面临新一轮嘘寒问暖。不时会有姊妹们前来谋策献计：营养滋补妙方、体型恢复秘诀，还订下紧迫的计划，一定要妈妈快速恢复曼妙的身材，拿回昔日的靓丽。

休完产假，小同回到了原来的店面。没出几个月，她的身材就完全恢复，不仅跻身"辣妈"行列，眉宇间又多了一份稳重和耐心，更懂得了家的含义。店里的同仁病了，煲上汤给同仁送去。每逢佳节，都要和没有返乡的同仁们一起欢聚。会为家人做的，她也会为同仁们做。现在，她已是一店之长，像守护自己的家一样，守护着王品的这家店。

将心比心，你就会用爱己之心去爱人。在王品掌门人的眼中，同仁的家庭把骨肉和至亲交给王品，唯有善待每一位同仁，才能回报每个家庭对王品的信任。王品一开始做这些事情，并把它们制度化、系统化，只是单纯地要对同仁更好一点。却没曾想，一个又一个的善念和善举，让公司步入了"善的循环"。

多数企业一味强调经济报酬，最后形成的企业文化变成"唯利是图"，甚至导致产业内"跳槽成风"。很多时候是经营者因为没有看到"人"，只看到"财"，同仁看到的当然也只有"财"，而没有"人"。所谓的忠诚，根本就是对钱的效忠。

离开了利益杠杆固然万万不能，但利益杠杆显然也做不到万能。就这个方面而言，王品的思维跟其他企业有相当大的差异。相对于"物质"，王品更重视的是"人心"。人人都说，企业竞争就是"人才"的竞争，但王品一直思考的是：人才可以去往任何地方，凭什么才能让人才只愿意为一家企业效力，有激情发挥潜力。

唯有企业像个家，能让他有感情，有寄托！这个家不停地关心他，滋养他，给他发展的空间，使他快速成长。在一个越来越多的人离乡漂泊的时代，无论身处何处，家庭的温暖，永远是人们内心的向往。"心"所求的地方，就是"人"会去的地方。

家人愿意为你做的，他人永远比不上。像关心自己的家人一样来关心同仁，使每一个同仁都备受感动，主人翁精神将不激而发。王品要做的，就是使人才相信："不错，的确会有别的企业薪水更高，但若要找到像王品这样照顾我的公司，可不一定有！"

一家公司，一个团队，拥有家庭般的凝聚力，便会牢不可破。

王品
你没有全尝到

水涨船更高

前进脚步放缓一时不要紧,步伐稳健才能不摔跤。

大池塘里养小鱼

作为一家在大陆刚起步的连锁餐饮企业,如果和希尔顿、利兹、香格里拉坐在同一个主席台上,对着观众发表演讲,你通常会神情愉悦。但是,有一种情况是例外:你正在跟这些跨国巨头同时实施招聘宣讲。

2009年3月,在浙江旅游职业学院,王品要完成的正是这样的任务。学生们对王品完全陌生,那一年王品的宣讲被排在招聘会的最后。看到莘莘学子聆听世界五百强企业介绍时的专注神情,听到顶级公司在宣扬无法比拟的优厚福利,在场的同仁们都给即将上场的人力资源的同仁捏了一把汗。

王品的人资中心总经理李玉婷上场时放慢了脚步,因为香格里拉的人力资源专员正在匆匆离场。走到主席台中央,她清了清嗓子:"各位同学,刚才那些世界知名星级酒店的介绍,一定让大家心动。这么棒的环境,这么好的工作自助午餐!的确,你有可能成为其中的一员。可是,一路辛苦地走来,你们是要在星级酒店中打工,还是要成为它们的VIP?"

李总的语出令人感到意外，场内的同学有些发懵。就本专业而言，如果能进顶级酒店工作，当然再好不过，然而，她说的是什么？成为他们的 VIP……什么意思？

台下交头接耳，一些人脸上浮现出不解。"现在"，带有闽南口音的普通话女声顿了一顿，"请允许我介绍一家能成就你们梦想的公司——王品！"

话音落下，会场先是短暂的沉默，接着响起了热烈的掌声。如何才能做到？接下来，李总一条条摆出王品可能为同学们提供的培训、机会、薪资。在这场招聘会上，李总开出的薪资听上去不是最高，可是王品却从一群五星级酒店的包围中脱颖而出，收获了十多名厨艺幼狮。

王品的幼狮计划始于 2009 年。这个项目要从大陆排名前十的专业学校中招募厨艺人才，以及从大陆的 211 高校招聘大学生和研究生，把他们作为储备的厨艺或大厅管理干部来培养，希望他们有朝一日能成为创立和掌管品牌的狮王。王品的幼狮计划，来自于王品在内地的战略，亦来自王品对于餐饮业的愿景。

在台湾，王品的服务有口皆碑。王品提供给每个客人的服务雅致而热情，这是公司重要的竞争优势。但在大陆，因为餐饮人才的匮乏，要实现高档服务却不是那么容易。

中国传统文化把餐饮业视为"引车卖浆"，十年寒窗的莘莘学子，很少会有人把"端盘子"作为自己的职业。正因为如此，在王品刚涉足大陆市场时，同仁大都学历不高。当时，王品的一千多名大陆同仁中只有三名本科生。人力资源建设明显先天不足。

2008年，在大陆成长迅速的王品集团又遭遇了一场餐饮业人才"挖角"危机。那个时期，大陆餐饮市场迅速成长，人才短缺成为业内普遍现象，特别是对中高端的餐饮人才需求猛增。王品作为一家一贯重视同仁培训的公司，一时间成为同行们挖墙脚的对象。短短几个月，中高阶主管和基层同仁的流失人数迅速升至近两百人。人才需求的矛盾更加突出。一些客人带着"自己最重要的人"惠顾王品，却遭遇了失望，对王品的投诉陡然上升。

人才短缺，妄谈发展。王品坚信，要想继续成长，首先要解决人才培养问题。

遇到大量成熟人才流出公司的人力资源池，多数企业的做法是，开出高薪，再把别家池塘的大鱼引入自家。然而，在王品看来，这种做法或许能脱离一时困局，却没法解决根本问题。

一家公司怎么能通过挖角来躲避对人力资本的投资？无论是多大规模的企业，每家都有自己的文化。同仁在一家企业待得过久，就不容易融入新的企业。从竞争对手那里过来的熟练同仁，不仅随身带着知识和经验，还揣着个人固有的工作模式。在进入新组织时，以前的做事方式往往会成为负担。很显然，习惯了老池塘的大鱼，不见得能在新池塘中游得欢畅！

更何况，"王品宪法"早就规定，"被公司挖角礼聘来的高阶同仁

（六职等以上，相当于店长或副理以上），禁止再向原任公司挖角。"这意味着，王品新聘任的高阶人才，只能单枪匹马来上任。己所不欲勿施于人，既然王品不希望别人把自己的一个团队连锅端走，那么王品也就必须为别的公司留下余地。另一方面，王品也是希望保持王品既有的文化。整组人空降过来，可能容易抱团结党，成立小帮派，少了个人之间的磨合，却可能多了团队之间的摩擦。

鱼苗的身体结构具有韧性，对新环境的适应能力更强。在公司内部培养和成长起来的人才，更能与企业文化融合，也更容易在企业平台扎下根。磨刀不误砍柴工。前进脚步放缓一时不要紧，步伐稳健才能不摔跤。构建出培养机制，打造出人才梯队，才可能走得更稳、更快。

学子们当年也许没能报考自己最喜欢的专业，但是这次他们能再次选择人生，选择自己的活法。

同立场换来同理心

厨艺幼狮的招聘渐渐有了眉目，可要从211大学里招聘管理幼狮，就不是一点点难。

捧着211大学的名录，打了上百通联系电话，直到嗓子都哑掉，王品人力资源部的招聘团队才有机会推开大学毕业生办公室的门。但门背后的北风吹得更冷……

"什么？你们是什么公司？王……王品？餐饮企业？"

"没听说过你们的公司！"

"你知道我们大学的水平吗？我们的专业在全亚洲排名第……"

"我们的学生怎么会去你们公司？他们在大三就被世界500强预定……来这里招聘的公司早就排满了！"

尽管王品的幼狮计划最终广受欢迎，谁也没料到当初第一步的阻力有这么大。在台湾，王品以自身多年的经营和品牌形象，是大学生欢迎的雇主。2006年，台湾《天下杂志》的一项调查表明，王品对于大学生的吸引程度远远超过麦当劳、星巴克，在台湾大学生最向往的1 000家企业中位居第45位。2012—2014年，王品更是超越统一企业、Google、长荣航空等知名企业，三度蝉联第一名！"餐饮新贵"已经取代昔日的"科技新贵"，成为台湾90后年轻人择业的首选。

但是，在大陆，一切都得从零开始。餐饮行业从来就不是一个备受尊重的行业。基层同仁大多数来自农村，多数只受过初中教育，鲜有高中学历，上过大学的更是凤毛麟角。

得知王品的打算，了解大陆情况的业内人士说："你们是不是疯了？211大学，你知道在大陆代表了什么？代表最优秀！最优秀的人才怎么会来王品端盘子？""别傻了，你们应该去高职。应该去云南、甘肃、内蒙。那里的学生才有可能。"

然而，王品相信，要成为一流的餐饮集团，必须拥有最优秀的种子。如果把企业比作"船"，那么企业的全体职工的素质就好比是"水"。唯有"水位"提上去，船才能升得更高，驶得更稳。相反，水落石出，船就有触礁的风险。

高校毕业办公室老师的口气拒人千里，令人难以接受。但换个立场仔细一想，其中包含的却是一颗关爱学生的心。没有哪个老师不希望学生成才，老师们也是在担心学生没有用武之地。从这个角度来看，王品和老师的心无疑是共通的。王品自信能够给毕业生提供良好的成长环境。

在高校，王品拿出了最大的诚意展示自己的计划：详细的幼狮发展计划，每年拿出的培训经费不少于150万。王品还承诺，对于厨艺幼狮，公司将安排法国蓝带主厨亲自教练；对于管理幼狮，公司将选择其中优秀者在一年之内走上管理岗位。

对于新同仁培训和职业生涯的专注和投入，让学校感到惊讶，也渐渐让老师们体会到王品培养人才的信心和诚意。同立场换来同理心。老师们终于答应尝试一下。"好吧！我们给王品一个招聘的席位，不过，只能是排在最后的一个。"

王品在高校的招聘会是从个位数听众开始的。在西安理工大学的第一场大学生招聘会，几百人的大厅只坐了六名学生。他们之所以来到现场，部分为了打发时间，部分也是因为好奇：餐饮连锁公司到一家重点工科学校来招聘，这是第一次听到。

看到这样的情形，王品人力资源部门的同仁索性走下讲台，坐在了学生当中。第一场宣讲会变成了聊天会，大家足足聊了五个小时。王品后来知道，学生们回到寝室后纷纷打电话给同窗："Hi，学校里来了一家有趣的餐饮企业。去听听吧！他们会讲很多你没有听过的故事！"

第二场，前来观摩的学生达到了两位数。听完后，又有学生把王品的招聘海报放在了校园的QQ群上。就这样，王品的招聘会海报通过大学的QQ群、校园网开始疯传。有一位学生有事留在西安，被昔日同学拉着参加了王品在当地的招聘会，返回武汉的学校后，得知王品要来自己的学校招聘，干脆义务当起了王品招聘会的宣传员。

大家渐渐发现，王品的招聘宣讲会和别的公司有些不一样。王品不讲午间工作餐是多么丰盛，提供的宿舍是怎样的标准，王品也不强调公司的规模，公司的年营收达到多少个亿。王品的招聘会，讲得更多的是企业的未来规划、"王品宪法"、"龟毛家族"、"海豚经济学"、新人会在王品遭遇怎样的磨砺和训练。

耳听为虚，眼见为实。王品欢迎学子们来亲身体验。而且，对于来公司亲身体验训练的学子实行免费！来回车程免费、住宿免费、培训免费。尽管几个月的培训意味着几万元的投入，但王品不需要学生做出任何承诺，不需要签订条件合约。任何人在任何时候觉得王品不适合自己，都可以要求退出，无需做任何赔偿。

免费是经济中的利器。有这么好的接受训练的机会。为什么不去试试？来面试的人力资源副总看上去够专业，有气场！能跟他们共事，说不定我也能变成她那样！

当然，更多的学生清晰地理解自己即将面临的挑战、可能取得的成就。中国有句古话，宁为鸡首，不为牛尾。与其陷入职业发展的红海，倒不如到餐饮行业蓝海中去冲浪。每个人都知道自己需要什么，应该放弃什么。学子们当年也许没能报考自己最喜欢的专业，但是这次他们能再次选择人生，选择自己的活法。

> 如果王品不断地为更多的"小千里马"提供驰骋的空间,王品或许就能实现另一个更宏大的愿景:改变餐饮业的人才结构,改变社会对餐饮从业者的看法和口碑!

毕业一年当店长

小汪是个气质斯文的姑娘,鼻梁上架着眼镜,长发垂肩。如果没人指出她的职务,谁也不会把这个文静的姑娘和王品牛排玄武湖店副店长联系在一起。

有一次,厂商来送货,要找负责人签收。店长刚巧不在,于是小汪拿着笔走过来。

"小姑娘,我要找你们负责人,你签字可不行。"厂商说。

正在一旁清点货物的小张扑哧笑了:"这是我们的大学生副店长!"

厂商瞪大了眼睛,"啊,大学生副店长,怪不得那么文气!"

其实,小汪刚到分店的时候,店里的其他同仁,包括店长,都在心里打鼓。小汪2011年刚从学校毕业,半年时间在接受幼狮的密集培训,从未有过实战经验。让她来分店担任副店长,会不会把事情弄得一团糟?

分店副店长的工作，繁琐碎杂，要求面面俱到。既要考虑店里的营业额，又要考虑同仁的工作激情；既要照顾好每天川流不息的客人，也要应付得了各种突发情况；要懂管理、营销、财务，还要懂得带训同仁。

能力有没有，事实最有说服力，几个月后，大家惊讶地看到，这些看上去复杂的工作，小汪处理起来有条不紊，松弛有度。2013年3月，店长脱产训练，小汪副店长顺理成章地履行了店长的职责。

尽管担任副店长的时间不长，小汪却完全赢得了同仁的信任和尊敬。大家都亲切地叫她小汪店长，习惯了她像管家似的每天在店里"挑三拣四""管这管那"。有的同仁们说，隔两天要是不听小汪店长唠叨两句，耳朵里还真觉得缺了什么。

在一个同龄人日渐晚熟的年代，在职场前辈称刚毕业的大学生为"小朋友"时，毫无职业经历的小汪，不到一年就成为分店几十号同仁的主心骨。貌似柔弱，却成熟稳重。

2013年7月，小汪在上海开始了另一段人生旅程：担任起店长的职位。这一次，她需要掌管的是王品大陆一个新品牌的第一家分店！

王品用人是不是过于年轻化？是不是应该多考虑些资历。常常有人说，姜还是老的辣。

很多企业用人时抓着经验不放，觉得没有经验就无法做好任何事情。不仅硬性规定，大学毕业第一年只能见习，招聘广告也喜欢写上一句"具备本行业工作经验者优先"。其实，年龄与经验并不能代表一切。经验往往用时间的长短来衡量，但时间不能代表能力。与拥有一年工作经验的人相比，具备十年工作经验的人，处理问题的能力不见得就是前者的十倍，很可能，他只是把第一年的工作重复了十次。试图将经验与能力联系起来的想法，实在是大错特错。

"论资排辈"的观念，不利于年轻人的成长，也不利于一个组织的成长。一个失去青春气息的组织，怎么能看到未来的希望？因此，在王品，只要能够证明自己，谁都可以登上舞台，年龄和时间从来不是一个问题。

对于有抱负的年轻人来说，最大的幸福是有一个实现价值的舞台。这正是王品用招聘计划展现给新人的前景。在王品，只要足够努力，一切皆有可能。王品的实践证明，一年时间的考验和历练，足以让一个年轻人从"人材"蜕变到"人才"，最终统领一个业务单元，变为王品的"人财"。

2011年，来自大陆的23家重点院校的55名大学生参加了王品的幼狮计划。第二年有70多名大学生前来参加，全部来自排名前28位的重点大学，甚至还有7名研究生。截至2017年1月，招募的幼狮中，已经有65位晋升为副店长、副主厨，45位接任店长！

青年之于企业，犹新鲜活泼细胞之在人身。对于行业来说，道理亦是如此。如果王品不断地为更多的"小千里马"提供驰骋的空间，王品或许就能实现另一个更宏大的愿景：改变餐饮业的人才结构，改变社会对餐饮从业者的看法和口碑！

王品
你没有全尝到

发现另一个自己

> 先抑才能后扬，蹲低才能跳高。如果一个人肯蹲下身子去把马桶擦得一尘不染，那他还有什么虚荣放不下？

我把初吻献给马桶

炎热9月的一天。一群幼狮在辅导教练们的解说、示范下，挥汗如雨，苦战3个小时，终于将王品分店的洗手间从吊顶到马桶都擦得一尘不染、干干净净。他们听说，今天，执行长斌哥，将来到训练营检查他们的功课。

斌哥戴着一副白手套，拿着一条白毛巾，站在洗手间门口。哇，简直就是一个帅气的服务生！

看见斌哥用手指检查排风扇叶子的背后，用白毛巾拂拭水箱浮筒的拉杆。幼狮们的心情渐渐变得有些紧张。

"啊！斌哥拔出了小便池的漏洞。"没法再看下去了……斌哥掀开马桶盖，弯下腰，手指伸进了马桶的下水口……"幼狮们的心脏一阵狂跳。女生全体闭上了眼睛。"真不敢想象斌哥会掏出来什么！"

这次的检查，哐当一声击碎了学员和教练们的自信。首先挂不住的是教练。教练首先卷起袖管，"今天豁出去了，擦到天亮也陪你们擦，每个角落都不放过。"法律系的高材生、生物化学系的硕士们再次拿起了毛巾。这些原本拿试管、敲击电脑键盘的手，伸到了马桶里……

事后问这些幼狮，他们怎么没被吓跑？一位幼狮说，那不是挺没出息？遇到点困难不能退缩。幼狮婷君说，老大在那样擦，我为什么不能擦？幼狮黄林说，别人能擦好，我为什么擦不好？

看来，虽然加入训练营的时间不长，幼狮们已经感到这里的一股拼劲，那种不服输的氛围。真奇怪，苛求激发的不是负面的情绪，反而是一股好胜的斗志。"没关系，我们再来！我们不信做不到！"

那一夜，他们奋战到深夜，带着青春的激情，去把一件自己从未想过的事情做得完美。完美到什么程度？完美到可以"Kiss"一下。没错，马桶擦的是如此干净，可以放心地印上自己的吻。千万别忘了，再拍上一张"Kiss 马桶"的照片，记录自己第一次用马桶刷战胜自己的时刻。

集中受训期间，辅导教练和幼狮们擦马桶的次数远非一次。三次、四次、五次，店铺马桶不够用了。大家又去住宿的酒店和写字楼的物业"借"马桶。"住店客人要求打扫卫生间？"酒店经理从来没有听说过这么匪夷所思的事情，根本不相信自己的耳朵。"洗卫生间不收钱？"写字楼物业经理瞪大了眼睛，满脸的狐疑。然而，亲眼见证了王品人真的能把马桶清洁到可以 Kiss 一下的时候，他们开始为王品人的执着认真而鼓掌、欢呼。

幼狮们后来知道，斌哥的初吻也是献给了马桶。他退伍后曾在一家台日合资的大型快餐店工作，入职后的第一项任务就是扫厕所。在远远少于规定的时间内清洗完毕后，他自信满满地等待日本师傅验收，却被对方一句"你能亲一下马桶吗"吓了一跳。等回过神来，看见日本师傅正在身体力行，这才意识到听到的话不是一种变态，而是一种态度。日本师傅擦的马桶的确是可以亲的。就这样，在重新刷了2小时后，马桶夺走了斌哥的初吻。

为什么要设置这项"不近人情"的考验？

王品把执行长的亲身经历"复制"到学员身上并不是为了刁难，而是要让幼狮们明白做事要彻底，每个细节都不能放过。

魔鬼藏在细节里！对于餐饮企业来说，卫生间是最难管理的地方。不管门面有多么整洁、食物有多么美味，只要发现卫生间的工作没有做好，客人肯定食欲顿失，甚至掩鼻而逃。如果连卫生间的工作都能细之又细，那么就没有什么管理不好的！如果这么"变态""夸张"的马桶标准都能落实下去，那就没有什么标准不能执行！

对于擦马桶，王品似乎还有一种比标准层面更深的理解，那就是希望同仁体会到谦卑，可以放下一切身段。先抑才能后扬，蹲低才能跳高。如果一个人肯蹲下身子去把马桶擦得一尘不染，那他还有什么虚荣放不下？

> 和陌生人交谈，最大的困难不是来自他人的冷漠，而是自我的束缚。不能突破自我的束缚，就无法破除陌生人际之间的寒冰。

写字楼电梯惊魂

工作日的清晨，王品的教练带领幼狮来到一幢高层写字楼前，他们准备在今天完成另一项测试和训练：在电梯里和陌生人交谈。

如果说擦马桶是在练外家功夫，那么在电梯里和陌生人交谈就是以内家功为主。正值上班高峰期，人人都急于通勤敲卡，在一个封闭、压抑的狭小空间内，谁愿意跟素昧平生的人说话？心理素质差一点的人，在这样的训练中真要吓出心脏病。学员们说，这简直就是"电梯惊魂"。

令人啼笑皆非的一幕幕上演了。

刚想张嘴，就被涌进电梯的人群挤到角落。急得抓耳挠腮，就是蹦不出一个字。

红着脸，坐着电梯上去，下来，上去，下来……哈，这位同学在乘观光电梯！

嘴巴倒是能看见在蠕动，却听不见声音发出。哦，练的是传音入密！

"早上好！您几楼""八楼"。声音倒是挺清脆，但按下电梯楼层键之后，再也了无声息。咦，大楼电梯来了个新服务生？老僧入定的功夫了不得！

更有甚者，逻辑思维罢工，大脑交机械程序接管。

电梯门缓缓打开，看见只有一个人进来，长舒一口气。"早安！您是在送货吧！"再仔细一看，唉呀！对方西装革履，夹着一个公文包！

"早上好！您是做什么工作？""我是会计。""哦，你是来送便当的！"对话全然不着边际，站在旁边的教练几乎要晕倒。

万事开头难，但知难就不难。学员们好在都有教练一路相伴。有经验的教练一看就知道，这位适合于呵斥，那位需要鼓励，这位需要安抚。于是，楼道里传出声声"震耳雷鸣"，或者是看见两个人在"柔情密语"。

不要想困难，困难就不存在！

从一开始的不可能，受斥挨骂，再到重整旗鼓，卷土重来，学员们屡战屡败，屡败屡战。勇气和信心这两样东西，似乎你使用得越多，它们在身体里就长得越多。

折腾了两个小时，终于听到了陌生人的表扬："小伙子，电梯里遇见你可真好。因为有你，我今天觉得很开心。"90分，过关！

放下被人当作神经病的恐惧，放下被当作传销的担忧，有过电梯里惊心动魄体验，再去地铁向乘客请邀名片，任务就变得不再那么

"压力山大"。

穿上制服，别上胸卡，手持自己的名片，王品幼狮站在了轨道交通的站台上。"您好！我们是王品集团的培训生，正在训练礼仪服务！"字正腔圆的声音，引得匆匆的行人驻步礼视。

一次不行，来两次，两次不行，来三次……哪些地方还存在进步的"机会点"？那些成功交换名片的学员是怎样做的？怎样才能不重蹈自己沟通中的问题？为什么要经历 20 次失败才能拿到名片？拿到名片后，心里又是什么感触？一次次与乘客的互动，一次次与教练的探讨，幼狮们在失败中成长，身体里激发出一个个小宇宙！

为什么要采取这样的方式折腾人？实际上，餐饮业是压力巨大的工作，因此抗压性和毅力至关重要。王品希望，通过"电梯惊魂"和"地铁换名片"的训练方法来提升幼狮们承受压力、抗击挫折的能力。餐饮业少不了要与新客人打交道，因此无障碍沟通是从业者必备的一项能力。对于学员来说，和陌生人交谈，最大的困难不是来自他人的冷漠，而是自我的束缚。不能突破自我的束缚，就无法破除陌生人际之间的寒冰。

当代的大学生更喜欢网聊，更习惯于人机对话，这也是王品重点考虑沟通训练的原因之一。通过富有压力的训练，学员的观察能力也能得到很大提高。有了这样的历练，他们会变得更细心，更懂得发现顾客的需求。如果放眼一扫，就能对几桌客人的需求就有一个大致的判断，那么才能做到提供最优质的服务，款待心中最重要的人。

> 明代袁了凡说："从前种种譬如昨日死，从后种种譬如今日生。"告别过去，你会发现另一个自己。

告别过去，迎接开始

"这是一段痛苦并幸福的日子。还没有结束，却已经开始怀念。我把它称为我的第二个大学，是我最美好的日子。每一天我都用心去经营，去感受，每一个人我都用心去呵护，去感恩。日子不会重来，人要找机会再见，但记忆永远不会抹去。以后不管走得多远，我都不会忘记我是从哪里出发。"

一位学员有感而发，在日志中写下上述文字，作为难忘幼狮培训的铭记。是的，每个幼狮都记得自己的新起点是从告别过去开始。

学员刚入住酒店，放下行李，还没有喘口气，喝口水，训练就立即展开。首当其冲的是宿舍规章。棉被应该像士兵那样叠成豆腐块。牙刷杯的柄应该朝右面，牙刷柄要朝相反的方向。紧接着，是生活礼仪和上课礼仪。坐姿应该是怎样的，脚该放什么位置，手又应该放在哪里。举手回答问题时手要靠近耳际线。微笑要露7颗半牙齿。

为什么要这样苛求？在王品看来，对细节的追求不仅仅是专业，更是敬业。"你认真，别人就当真。"你的一言一行表现出你的态度和意愿。能力很重要，但态度和意愿更重要。

在教练的指导下，女生们用发网绾起头发，穿上合体的职业裙，画上优雅的淡妆。男生们脱去T恤、牛仔裤和球鞋，换上衬衫、西裤和皮鞋。自己再照照镜子，哈，跟原来的自己完全不一样！拉到人力资源部的同仁面前，再一瞅，人人都感到惊讶："这怎么会是我面试时的稚嫩毛孩！不仅是装扮，连精气神都不一样！"

演员一旦穿上戏服，立刻就能找到入戏的状态。改变一个人的心态也能从改变他/她的形象开始。换上职业装，是在转换学员对自己的身份定位，敦促他们和自由、烂漫的校园生活说再见。

要求幼狮关闭手机，切断QQ聊天，切断网络游戏，也是类似的道理。突然失去这些似乎生命中"最重要"的东西，最初让很多学员觉得难以忍受。然而，聪明的年轻人很快就会能明白这样做的意义。新一代大学生多数伴着电脑长大，玩得最多的可能是电子游戏、网络游戏。三点一线的生活，让许多大学生沉迷于虚拟世界。关掉手机和网络，为的是真正改变固有习惯，学习专注，学习聆听，学会与人面对面的交流。

在接下去的集训里，学员们经历的是接连不断的高压。唱集团歌，背诵王品牛排的品牌故事，应"到"，端盘子。学员们几乎没有片刻喘息的机会。因为连穿过走廊，也成了训练的一个部分。遇见任何人都必须大声问候，看到酒店服务员也不例外。万一遇见的是教练，问候的调门稍微有些走样。对不起，请从对面再走一次，按标准重新来过。

集训的五天中，学员加起来没有睡够十个小时。教练们似乎随时都在对表："3分28秒。不合格！重新做！"在学校睡到自然醒，上课迟到是家常饭的学生，现在体会到了时间的重要性。

说来也奇怪，没有片刻的喘息，来不及思考，改变却在不知不觉中发生。大脑中的化学反应悄声无息地进行着，一些神经突触二十几年的固有连接断开了。告别娇骄二气，与独生子女的依赖性说再见，现在，"impossible"变成了"nothing is impossible"。有的幼狮甚至发出了"impossible is nothing"的豪言壮语。

只要找对方法，只要你对自己有信心，只要有团队的支持，这群年轻人现在坚信："不要想困难，困难就不存在！"

一位计算机硕士毕业生因为不能把五个托盘端上三分钟，深夜带着托盘和水杯回到房间继续练习。一个记忆力天才，在培训最初试图挑衅训练师，把王品牛排故事的文字连着标点符号一口气背出，晚餐后却开始和学友们一起练起问候的调门。还有对着镜子练微笑的，练站姿的，深夜的宿舍，并不安静，大家都憋着一口气，"谁说我不行！"

大多数的征程都始于装满行李，但王品幼狮的这次不需要。他们要做的是清空行李箱，把从过去带来的一切统统扔掉。抛掉过去的优越感、过去的怯懦、过去的态度、过去的错误，重新开始，勇往直前。明代袁了凡说："从前种种譬如昨日死，从后种种譬如今日生。"告别过去，你会发现另一个自己。

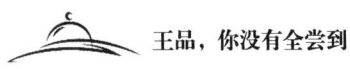

> 看上去一捏就碎的娇嫩花朵，原来有一颗坚强的心。年轻人身上不服输的精神，反过来成为激励教练的一种力量。

做对的事，结果自然来

五天的职前集训结束后，幼狮们分成小组，要进行为期六个月的店面培训。在这六个月里，各种理论考试和操作考试轮番上阵。幼狮们都说，简直比高考还累。他们白天在店里实习，晚上挑灯夜战，熟悉各种流程，操作手册。高强度的压力，考验着他们的毅力，也磨练着他们的心性。

王品为每个幼狮小组配备有一名辅导教练。第一批幼狮的辅导教练全部是店长、主厨及以上的主管，占了当时王品高阶主管的四分之一。怎么可能？公司经营一线的这么多骨干力量放下业务，专职去陪这些大学毕业生六个月！事实的确如此。

可是，经营业绩的压力又该如何处理？在中常会讨论决策的时候，有同仁搬出之前在台湾的失败教训。那是一次对管理人员的再培训。随着一线管理人员离开岗位，王品的不少分店都出现了业绩下滑。权衡利弊，那次培训计划不得不半途而废。

但是，过去的落败不一定就是错误的，昔日的不可能会变成现在的可能。更何况，大学生的入职培训至关重要。要知道，建造房子时，最初的几根柱子将决定整个房子的承重！辅导教练必须要由经验丰富的管理人员来担任，否则就可能浪费王品千辛万苦觅得的优秀种子。

只要做了对的事，结果自然就会出来。如果说，幼狮的快速成长和发展尚在大家的预期之中，那么，对于王品的经理人从幼狮计划中获得的收益，至少在当初并没有被大家完全认识到。

教练们走马上任时，不少人是抱着诸多的怀疑、无奈、不屑和排斥。"这些娇生惯养的年轻人最多也就待一两个星期"。"唉，半年的宝贵时间，可以做多少工作，却要用来陪这群不知道能在王品走多远的毛孩。""我们流了几年汗水才晋升到目前的职位，他们怎么能凭学历不劳而获？"然而，教练们很快就为自己眼睛看到的一切大吃一惊。

在六个月的训练里，教练们全程陪伴着幼狮。不仅是训练时在一起，而且吃住也在一起。教练们放弃和家人的团聚，几个月不回家，成为训练营中常有的事。半年的相伴，教练们和学员们结下了深厚的感情。因此，并不奇怪，结业典礼上喜极而泣的不仅仅是幼狮，还包括那些每天陪他们的教练。

亲眼看到学员的成长，从不知如何打扮到落落大方；从骄傲自负到懂得关心别人，教练们由衷地替年轻人高兴。原来亲手培养出一个合格优秀的人才，获得的成就感也是那么大。

看上去一捏就碎的娇嫩花朵，原来有一颗坚强的心。年轻人身上不服输的精神，反过来成为激励教练的一种力量。"这几个交到我手上的年轻人，可不能输给其他团队。"他们重温各个知识点，示范实践课程，判断学员动作的对和错，观察哪里容易出错，琢磨为什么容易出错。每个教练都尽可能想出一切办法，去帮助每一个学员。每一次对学员的考核，也是对教练的考核。"学然后知不足，教然后知困"。学员在成长，教练也在温故知新。不仅如此，相伴的教练看到青春的韧性，也被青春拼搏带来的快乐所感染。这种精气神，差点被岁月磨灭掉。借由训练学员，教练们找回了一些开始模糊的东西。

输人不输阵，输阵不输势。四十几岁的教练们带领幼狮们每日晨跑五公里，共同强健体魄，相互鼓舞士气。团队的后勤也要跟上。教练们自己下厨烹饪菜肴，炖制鸡汤，为幼狮的学习和考试攻坚补充营养。仿佛昔日重现，激情岁月重返，敢拼、能赚、会玩的王品精神被再次注入血液。幼狮计划中的店长教练集体"返老还童"！

店长都出去培训幼狮，分店由谁来管？副店长当仁不让。在店长离开的这段时间，王品副店长获得授权，承担分店的全部经营和管理责任。实际上，这批副店长早就憋足了劲，正渴望着有机会一展身手。幼狮计划的启动，正好给他们创造了锻炼的机会，让他们在实战中检验自己的能力和所学。王品分店的业绩在店长离开期间保持了稳定，有的甚至还上升。这个结果无疑是一句名言的最好验证："如果你信任人们，对他们寄予很高的期望，他们就会证明你是对的。相反，如果你把人们当婴儿般对待，总是控制他们所做的所有方面、所有细节,他们也会证明你是对的。"

第一次幼狮培训后,王品的一批副店长升任店长。店长也因为有了继任者,放心地升职更高的职位。幼狮训练营的教练职位变成了同仁争相捧到手的热饽饽。快速培养新人,一线管理人员重温企业文化,管理副手登上舞台展示自己,王品的幼狮计划一举三得。

王品
你没有全尝到

把公司办成大学

不管压力、动力还是鼓励，只要有效，王品通通搬出来用，大家互相扶持着学习成长。

晋升，学分先批准

小王最近的QQ签名是"保佑我这次考试一定过！"看到这个签名，认识他的大学同学都感到奇怪。

大家知道小王在毕业后去了一家台资企业。排除了评职称、考托福等一系列的可能性之后，同学们实在想不出小王又在准备什么考试。

原来，小王是王品的一位同仁。她有一个心仪的岗位，若能拿到这个岗位，算得上是一次小小的升职。不过，在王品，无论是升职，还是换岗位，都要先参加考试，拿到"学分"。王品的每个同仁都有一张学分表。他们在调动或者升任的时候，只有学分够了，才有踏上新岗位的可能。"进入王品，像是又步入了一所大学。"一位王品同仁这样说。

在人们眼中，餐饮服务工作甚是简单，不学就会。点菜下单，端茶送水，这些工作似乎并不比基本的生活技能复杂多少，最多培训几个小时就能胜任。不过，简单并不意味着就容易做好。越是简单的工作，做得与众不同就越难。这好比是烹饪。在一流的厨师眼中，越是简单的菜，越是难做。

为了能让同仁都能烹饪好服务这道"简单"的菜，王品把培训课程大致分为三个面向：一是"操作面"，如开门、倒水、点餐、端盘等与客人交互的基本功夫；二是"管理面"，如采购管理、食品卫生管理等店面经营实务；三是"领导面"，如激励团队、培训新人、读懂财务报表、商圈分析等。王品的教育学分是206分。修完这些学分，才有资格作为公司店长或主厨的候选人。在大陆，王品针对不同的事业部培训又增加了一些课程项目，因此标准又提高到236学分左右。

实际上，幼狮计划就像"王品大学"的一个速成班。幼狮们被要求在六个月内集中、高强度地完成新人培训和六大组课程，能够顺利通过理论和实践考核的，按照分数高低，被委以不同的职务。

最初，一些同仁对幼狮计划感到困惑。王品给大学毕业生提供快速晋升途径，是不是有厚此薄彼之嫌？新人会不会抢了老同仁的位置？但是，大家没过多久就理解了这种做法。一来是幼狮的能力得到了认可。二来是老同仁并非处于劣势。

以一个普通大学毕业生为例。他（她）参加高考时是18岁，之后求学4年。如果进入王品，得接受6个月的幼狮培训。如果一路平坦，他（她）会在23岁成为副店长或店长。再来看看一个高中毕业生又会怎样？他（她）在18岁加入王品，如果勤学苦练，完全可以在两三年内修满晋升副店长或店长的学分。这样算下来，早加入王品的同仁，并不比大学生晋升的速度要慢！

无论是大学毕业生，还是高中毕业生，王品都一视同仁，不会偏袒。只要肯付出努力，人人机会均等。事实上，王品的大部分店长都来自一线的基层。在某种程度上，拥有丰富实践经验的同仁升迁机会更高。

在王品，从什么位置起步不是最重要的，没有人会"输在起跑线"。人生的长度远胜于一场马拉松，起跑时的速度，无关于最后的胜负。最重要的是，能不能一直坚持，一直努力。

王品同仁对于修学分的热情很高，但懈怠放松也是人之常性。为了避免同仁的学习发动机熄火，王品把每个人的修分进度公告在内部网站，让所有同仁都盯着你，为你加油打气；每家分店还会制作一份"战报"，公布每个人修完的课程和学分，让同店伙伴实施"鞭策"；此外，店长也会冷不丁地向你"问候"进度。不管压力、动力还是鼓励，只要有效，王品通通搬出来用，大家互相扶持着学习成长。

> 魔鬼训练是一剂凶猛"归零膏",能够粉碎既有的思维定势,自以为是的偏执,再次激发出潜能,让同仁重新启航。

凶猛"归零膏"

"报数,1,2,3,4……",在整齐的队列前,披着红绶带的值星官来回巡视,学员们穿着白色运动服,在太阳的暴晒下答数。这个纪律严明、仪容整齐的画面,不是某个军训出操,而是王品集团的"魔鬼训练营"。

在王品,资历满两年的全职同仁,以及资历满一年的基层干部,可以报名参加"魔鬼训练营"。魔鬼训练营采用军事化管理,讲究绝对的服从,只有团队,没有个人,用高压式训练方法,刺激受训者的成长。受训营队在第一天清晨五点半分组建立。此后的三天两夜,一天二十四小时都会紧张得透不过气来。营员早上五点就得摸黑起床跑步,操练到夜漆黑才能就寝。未达标的小组还得悬梁刺股,挑灯夜战,有人甚至在睡梦中仍在练习大喊大叫。曾有魔鬼训练营的营员写道,那段日子"起得比鸡早,干得比牛累,吼得比狮还响"。

隔街狮吼、勇敢向前冲、晨跑五千米、烈日出操等,是魔鬼训练营中的必修课。

繁华都市中的一条交通要道，宽约一百米，每日车辆川流不息。就在喧嚣震天的上班高峰期，营员站到马路的一侧，教练则站在对面人行道上。没有麦克风，不用扩音器，学员必须清口使尽全身力气喊出六句口号，让对街教练听到每个字。如果口号背错，或裁判没听清，那就得重新来过。这个训练看似简单，做起来却不容易。想要盖过高达八十几分贝的车行噪音，你得有河东狮吼的功夫。往往是，教练看见了站在街对面学员的声嘶力竭表情，却听不见只言片语。有的人肺活量稍小，声带过宽，使出了吃奶的力气仍不行。

大礼堂中，一百位营员脱掉鞋子，穿着白色的运动服，凝神屏气地坐在地板上，只待发令枪声一响，就冲上主席台。所有营员里，只会有一位能力拔头筹，冲刺成功。他要用惊天动地、震人魂魄的气势，大声喊出自己的名字和贴在四根堂柱的标语。若不能震撼在场的营员与教练，就必须再跑一圈。

"你不够努力!""你一定会更好!""你一定会成功!""加油！冲啊！"通常营员一开始精神百倍，但跑了几次没能通过，音量开始下降，锐气顿减。半小时后，喉咙嘶哑，腿脚发软，一次比一次更有气势，就成了一件看似不可能完成的任务。

遇见挑战的时刻，正是需要激励自己的时刻。这时候，你需要告诉自己：不能完成任务一定是"不够努力"，只要继续努力，就"一定会更好"，最终踏上"成功"的彼岸。信念是支撑一个人挑战困难、突破挫折的关键。一旦信念燃起，你就能喊着自己的名字，加油，往前冲。

不仅仅为了突破心理障碍、挑战体能极限，团队合作也是训练的重点。晨跑5 000米的关键不在于你是否能跑完全程，而在于同组营员全部取得成功，一个也不能少。一个长跑健将能把5 000米轻松地跑完，但是要实现全组目标就意味着不能只顾个人向前冲。一个小组中有男有女，有老有少，有壮有弱，每个人的身体状况都不同。在这个训练中，跑得快的要帮助那些跑得慢的，把个人的战斗力，转换成团队的竞争力，鼓励大家共同达成目标。

值得一提的是，无论是制度，还是训练，王品几乎都强调"团队精神"。以上三项训练皆以"小组"为单位实施。王品甚至模仿军队中的连坐法。如果有人没有达到要求，不处罚当事人，而是处罚其队友。一位营员没有达到要求，眼睁睁地看着自己队友被惩罚。在日记里，他感慨地写道：心如刀割！感受到什么叫革命感情血浓于水。王品人不强调个人英雄主义，一块砖头再硬，无法撑起整个大厦。王品希望的是整个团队一起发光！

说来也奇怪，尽管魔鬼训练中尽是一些看似不可能完成的任务，至今却没有同仁过不了关。每次的训练，亲友后援团的阵势都很强大，事业部主管、店长、工作伙伴悉数到场，加油鼓劲。准备相机拍照的，拿出手机朋友圈直播的，现场灯光一照，镜头一对准，营员立即挺直了腰杆，睁圆了眼睛，一次不成两次，两次不成三次……大有"风萧萧兮易水寒，壮士一去兮不复还"的气势。

魔鬼训练的目的很简单，就是"归零再造"。工作走上正轨，一切按部就班，人们容易安于现状，热情消减，创新也缺乏了动力。渐渐地，人变得墨守成规，碰到问题就先入为主地想到不可能。魔鬼训练是一剂凶猛"归零膏"，能够粉碎僵化的思维定势、师心自是的偏执，让同仁重拾信心，激发出潜能，重新启航。

"重新归零，再次挑战极限"，是王品对已经工作过一段时间的同仁的期望。同时，通过魔鬼训练，王品也可以更加了解同仁的领导力和凝聚力。哪些人善于应对挑战，经营团队？那些人善于鼓舞士气，与大家患难与共，奔向共同目标？通过魔鬼训练，可用的将才也就被发掘出来。

在魔鬼训练营中，前两天的节奏紧张到让人发疯，最后一天则相对轻松。营员分享训练心得，制订下一年的改变目标，工作、学习、生活，任何方面都可以，甚至减轻体重、晋级升迁的目标也能纳入其中。

这些实际上是魔鬼训练的效力延伸，旨在把营员三天中激发出来的潜能，灌注到现实之中，通过公开承诺的仪式，邀请大家监督自己。之后的一年，相关主管会不时进行检查，并通过反馈、建议等各种方法，促进同仁取得成果。

同仁的发展，不能只靠训练课程，还必须把训练内化成工作的一部分。唯有如此，才能达到知其所学，学以致用的境界。

辅导的时间花得愈多，公司高管和基层管理者之间的距离也就拉得愈近。有舍，往往就会有所得。

升高木桶的短板

王品有一位店长，360度环评的团队建设得分不高。一日，这位店长漏送一张报表，刚巧被导师看到，惨遭一顿劈头盖脸的臭骂。

这位店长心里觉得憋屈，差点跳起来："只是漏掉一张报表而已，补上就是！干嘛要大动肝火？！"

"不舒服，是吗？平日里，你是不是这样跟下级沟通？现在，换作是你，你的感受如何？"

梦中人一下子惊醒。"是啊！负面语言激发负面情绪。呵斥只会让事态变得更糟，无益于团队成员的成长。"原来，这是导师在用这种"特殊"方法让这位店长懂得"负面语言"带给他人的感受。

对于脱颖而出、担任店长和区经理职务的同仁，王品提供了个性化发展模式供他们使用。"木桶理论"指出，一只木桶盛水的多少，并不取决于桶壁上最高的那块木块，而是取决于桶壁上最短的那块。主管同仁好比盛水木桶。每只木桶的最短板不会是同一个位置，用标准化培训去拔高每块木板变得缺乏效率。要让每只木桶都尽可能多地盛水，应该先找出每个木桶上的短板，再用定制化辅导去升高它。

在接受定制化辅导前，王品的每位中层管理人员都要接受360度环评。在360度环评中，上级、同僚和下属会根据细化的项目给他打分，帮助发现他的改进机会点。

之后，王品会根据环评结果选派一位总监职级以上的高管担任辅导老师，实施一对一的辅导。比如，如果一位店长对财务数字头痛，就让一位财务总监去辅导他。如果一位中层管理同仁对单店营销技巧摸不到头脑，就委派一位市场部总监出马。

王品规定，一旦导师和学员结成对子，连坐法即时生效。学员的成绩直接关联到导师在"王品大学"中的学分。这意味着，如果一个学员的课程学不好，他导师也要得低分。学员的成绩排名定期公示，导师的姓名也一起曝光。

有了这些措施的保障，接到任务委派的高管会旋风般地去做准备，有的设计辅导方案，有的找学员谈心，有的为学员购买书籍。根据学员的不同实际情况，导师们采取的辅导方式也是五花八门，恰如八仙过海，各显神通。有的使用情景共鸣，有的采取当头棒喝，也有的取来因势利导。

在定制化训练中，王品同仁除了参加一年四次的培训课程，还要完成课后作业、撰写行动计划、记录每月的读书心得。对于拿惯了大勺和菜刀的同仁来说，握笔是一个几乎不可能完成的任务。有位主厨就放言："我宁愿切菜切到手脱臼，也不想写一页纸！"学习和工作两不误的要求，更是绷直了店长和区经理已经拉紧的神经。但是，下定的决心怎么能为困难所撼动。宋代理学家程颢说："不日新者必日退，未有不进而不退者。"机会从来就只给时刻准备的人预留。今日付出学习卓越，明日才能展现卓越。当你习惯了身兼数职、从容应对高压，你就能享受到卓越带来的快乐。

王品的一对一的辅导，对受训者是一种帮助，对为师者也是一种历练。在王品的设计中，学员所有的课后作业、行动计划和读书心得必须有导师的批语，递交作业有严格的时间要求。如果截止时间被定为周一正午十二时，就算迟交一分钟，人力资源部也会毫不留情地扣分。一旦导师未按时上交文案，或者文案缺失导师的评语，学生就要"无辜"受到连累。更要命的是，公司网络上什么都能看见，一次不当心就会"永远身败名裂"。因此，身为导师的王品高管谁都不敢怠慢。即便会议连天，文案如山，也要分出时间给自己的学生批作业。

辅导的时间花得愈多，公司高管和基层管理者之间的距离也就拉得愈近。高管对于运营挑战和管理问题的了解愈清晰，决策时作出的判断也就愈加准确。有舍，往往就会有所得。

> 不在此山中，看山才更清楚。为了避免成员见解过于趋同化，进入思想危机，王品需要有不同的声音醍醐灌顶。

汲取智慧的"吸星大法"

每个月，王品经营团队都会请外部的成功人士来为王品中高阶做分享。这些被邀请来演讲的嘉宾，被王品人称为"王品之师"。十几年来，这个机制从未间断，参加人数稳定增加。"王品之师"的演讲者来自各个领域，有学界的、政界的、医药业的、科技类、制造业的，甚至还有时尚、文化界。但凡领域内杰出的、富有思想的，都是王品人请教的对象。

自公司创办以来，受邀的"王品之师"*有：老板电器总裁任富佳，云海肴母公司董事长赵晗，仲量联行资深董事、中国区零售地产部总监豪建思，万通集团董事长冯仑，北京首旅如家酒店（集团）股份有限公司总经理兼任如家酒店集团董事长、CEO孙坚，捷安特董事长刘金标，奇美实业总裁许文龙，ING安泰人寿大中华区总裁潘燊昌，顶新集团魏应允等企业巨子，台大校长陈维昭、台北监狱典狱长郑安雄、中研院院士林长寿等社会名流，这些平常被镜头聚焦的名

---

* 此处提到的所有演讲者职务和身份，均为时任。

人，都站过王品的演讲台。王品给他们建议的演讲题目是"我的人生体验和成功之道"，但他们完全可以根据自己的意愿"天马行空"。

王品也邀请遭遇失败的人来演讲。只有很少的人愿意说出自己的失败经历，尤其是那些一度叱咤风云、意气飞扬的人，因此这种演讲是千金难买的学习机会。哪些是"败走麦城"的教训，哪些是"大意失荆州"的错误，把点点滴滴都要清楚记下。

一些与商业毫无关联的人也会来到王品的讲台，比如医院的整形医生、电视台气象播报员、知性歌手、著名画家。因为这些独特的职业也有可以复制的经验。王品相信，无论是什么行业，如果一个人能在其中立足、发展，闯出一片天地，那就一定有他的理由。

"王品之师"坚持不录音、不请媒体的原则，因此前来的政商名人都卸下心防，愿意在讲台上尽兴发挥，传送"真经"。王品的许多做法都受惠于"王品之师"带来的经验和教训，比如，孙坚先生的演讲提到如家酒店"跑马圈地"，快速抢夺市场占有率，王品内部就展开讨论：王品是应该在大陆放开加盟，快速展店，还是应该求得每一家店都让消费者放心？每一位"王品之师"都给王品带来很多启发。

王品如何能邀请到这么多的明星，尤其是在王品的草创阶段？这些名人公务繁忙，"粉丝"众多，是新闻媒体追逐的对象。他们又怎么会愿意来到一家成长型公司，仅仅面对几十号人，把毕生的心得都掏出来？实际上，王品并没有太多的社会资源，却有一支百折不挠的"邀请"团队。为了邀请这些顶尖人物，公共事务部每月发出演讲邀约。他们的座右铭是，"讲演大师不答应正常，立即答应才反常。"

乐观、耐心、不怕失败，是王品同仁获得讲演者点头的三样法宝。在邀约受到破产官司缠身的鸿禧企业董事长张秀政时候，张秀政一再表明谢绝之意。王品同仁一次次亲自登门拜访，逢年过节寄上卡片祝福，展开"贺卡攻势"，看见报纸上又有媒体报道相关负面新闻时，更是会适时打个电话问候。经过半年多的"纠缠"，张秀政终于点头答应。这才成就一段美满师生缘。

跟张秀政比起来，另一位讲演大师更令王品同仁难忘。为了邀请到他，王品同仁足足等待了四年，打了四十多通电话，写了六十张贺卡。开门一看，是第五次顾茅庐拜访的王品同仁，这位大师长叹了一口气。王品同仁做好了再次被拒绝的心理准备，却听他开口说："我不知道，还能怎么拒绝你……"几周后，这位自谦演讲是"负担"的大师在王品会议室足足讲了一个小时。讲到高兴处，透露出许多媒体不曾报道的独门秘籍。

王品同仁锲而不舍地用热情和亲和力融化人际间的冰层。虽然不见得每次邀请都顺利，甚至还被某位商界大佬的秘书怒骂"你们怎么这样不识相"，不客气地摔掉电话，但王品同仁都一笑置之，过一阵子又见到他们热情地打电话嘘寒问暖。

从1997年的第一位开始，王品已经邀请过近五百位"王品之师"。对于那些曾与王品分享见识的演讲者，王品秉持"一日为师，终身为师"的理念，每年持续问候，遇到重要节日、生日，必定寄上贺卡；

过春节时，更是精挑细选礼物，对所有老师的无私分享表达谢意。

一些公司知道了"王品之师"，也想效仿。但多半邀请到三四位就难以为继。实际了解王品做法之后，更是感到纳闷："为了一个看不见效益的演讲，专门配备两三个人，持续追踪问候，怎么可能？"

王品相信：公司要成长，不能只看眼前利益。经营者吸收新的思想、新的知识，与时俱进，才能拥有汩汩不息的能量，助力公司永续前行。自身的经验的确是王品最好的教师。但是，从自己的失败中学习，并不意味着犯错就有意义。通过学习另一个人的经验，去避免错误，成本会更低。没有必要等到地震发生了，再去发展减灾学。时间合并原则给王品带来利益是无穷的。

除此之外，对于王品，外部智能的引进还有更深的含义。王品人清楚自身的特点，知道同仁们之间有着相似的理念，有着团队的凝聚力。但是，如果止步于这种相似，就容易犯下旅鼠的错误。旅鼠三四年就会来一次大迁移。它们不畏艰险，越过河流、湖泊，一路勇往直前，直到抵达海边。它们以为横在眼前的不过又是一条小河。等到发现这是个误判，大错已经铸成。

不在此山中，看山才更清楚。唯有通过"吸星大法"汲取智慧，才能有效帮助王品跳出旅鼠效应。为了避免成员见解过于趋同化，进入思想危机，王品需要有不同的声音醍醐灌顶。

管理者时刻保持着对"食尚"的敏锐嗅觉,再反过来看王品,就能轻松看出它的改善和下一步发展所在。

年尝 30 店,吃喝有理

小熠又在朋友圈秀美食了。朋友们眼中,似乎只要有空,小熠就在大快朵颐,川菜、粤菜、淮扬菜、西餐、日料、韩国菜,每次吃用餐完毕,还要加简单几句点评:比如服务员不小心将饮料撒在了客人身上,服务员怎么处理的,缺憾在哪里,客人为什么生气;又或者餐具如何,环境如何,食材如何。

问小熠为何这么爱美食?首要答案当然是喜欢吃。但不同的是,以前是心情好去找朋友聚餐,现在是带着工作任务来享用。以前要找理由犒赏自己,比如朋友生日、同学聚会,现在是天天有理由觅美食,因为"我在修学分!"

在王品,二代菁英以上的主管,直至董事长,每年必须在世界各地完成 30 家餐厅的用餐体验。

年尝 30 店的目的在于学习。在王品,只闷头工作,不问窗外事的经营者根本不存在。身为主管一定要出去跟外界接触,让自己保持站在"食尚"的前沿,最好还能引领并创造潮流。无论在哪个行业,谁远离了市场，谁就将被淘汰出局。

因为要计入学分，王品同仁的"大吃大喝"一定得留下经得起考验的"证据"。发票不能算，因为作假太简单。王品的要求是，每月都要推荐一家自己认为不错的餐厅，并说明推荐理由，最后将书面报告送达中常会。吃饭报告刊登在公司内网，供所有同仁评议。乍一看，王品就像是办了一个内部的"大众点评网"。推荐得好，附和跟帖者纷纷"抢沙发"。言之无味或言不符实的，紧跟的就是一片吐槽或拆台。同仁的眼睛是雪亮的。坏了自己的名声，那可不太妙，因此没有哪个同仁敢随便乱写。

吃店的次数多了，王品同仁自然总结出吃店的"五要"。

一、要取经同业的菜式。店家的菜色在五感呈现上是否有值得学习之处？味道、摆盘、色泽、器皿是否有独特之处？比如，同仁吃到了酸梅汁浸泡的西瓜，觉得口味极佳，于是动手研发创新，看看能否有其他搭配。

二、要观察餐饮的潮流。只有把握大方向，才能立于不败之地。譬如，食材是否愈来愈注重养生？餐厅装潢是否愈来愈崇尚简约？哪些科技元素正在增加服务的便利？

三、要理解消费者的选择。为什么消费者愿意花时间排队？到底是什么才让他们觉得物有所值？

四、要体验别人服务。别人的服务有什么地方特别令自己感动？这些服务是否能由自己的餐厅提供？

五、要研究别人的经营管理。比如，采取怎样的经营定位？为什么选址在这个地方？

如果是一个人揣着问题悄悄去拔草，倒不会引起观瞻。但如果是几个王品同仁一起出去吃店，阵势就显得颇有些与众不同。往往每次尝鲜刚结束，王品同仁还在饭桌边讨论时，对方的服务人员便嗅出点味道来，愈靠愈近。接着，主管来了，老板也出场，都想知道王品同仁是如何看待他们的店，发现了哪些优缺点。最后，大家聚在一起交流，从品牌定位、餐饮特色，到装潢服务等，吃店就此演变成一场同行交流会。

在吃店过程中受惠最多的，当然是王品的同仁。经营者时刻保持着对"食尚"的敏锐嗅觉，再反过来看王品，就能轻松看出它的改善和下一步发展所在。

> 拣三两个行囊，踏入陌生的国度，
> 人将明白身外之物转瞬即逝，自己的内
> 在才是永恒价值的所在。

登 30 岳， 游 30 国

王品公司不仅提倡吃，还提倡同仁们玩。王品管理层必修的社会学分中，除了"吃30店"，还有"登30岳、游30国"。

谈到出国旅游，大家都立刻精神一振。平日工作压力巨大，谁都想用这种方式犒赏自己，跟着旅行团走马观看花，吃吃喝喝，放松一番。但是，一想到实际情况，不少人又打了退堂鼓。且不说签证的麻烦、开支的巨大，职场如战场，请上十天半个月的长假，不管不顾地放下手中的一切，老板的脸肯定要拉下来。真是可叹有多少公司的白领们从未休过假。又可叹有多少公司把从不休假的同仁当作好员工。

但是，在王品，旅游是工作与学习的一个部分，不需要理由就能出发。若是那个同仁一年还没有出行的动静，反而会成为众矢之的！

王品人爱旅游，董事长先带头。哪里偏僻，哪里路远，陈正辉越爱去那里。亚马逊流域、非洲国家，这些都在他的旅行半径之内。有的原始部落，一年四季赤身裸体，陈董事长入乡随俗，索性也不穿衣服，感受一下身无任何拘束的坦荡。在新西兰，陈董事长从5 000多米的高空中跳下，享受一把自由落体的惊悚。在陈正辉看来，一定要趁自己身体健康，能跑、能跳的时候，去那些偏远的、耗费体力的地方，获得你平日无法拥有的体验。至于法国、意大利这样交通发达的国家，八十岁都可以去，何必要浪费现在的宝贵体力和时光？

每次旅行回来，陈正辉总会带来很多故事和同仁们分享。旅行中的他总是满怀好奇，去了解那些他不熟悉的世界。每一次都能获得启发。去非洲旅行，陈正辉会关注野生动物，不但要近距离地和野生动物接触，还要缠着管理员给他讲故事。一则蜜獾攻击狮子的故事，令陈正辉感慨不已。蜜獾是一种非常小型的动物，与狗差不多大小。但是它居然可以在狮子休息时，狠狠咬住狮子的敏感部位，置敌于死，打败比它身形庞大很多倍的狮子。在他眼中，这是大自然给出的绝佳启示案例：只要策略精准，就能以小搏大。这样的故事和同仁们一起分享，远胜过空洞的说教。

王品人相信，永不停歇地行走，会带来不知不觉的改变。"读万卷书不如行万里路。"旅行者不远千里，可以领略异地的新风光，体验新生活，获得平时不易得到的知识。不同国家有不同的风情，不同的地区有着不同的生活方式，人们的价值观、理解世界的方式都不一样。看得越多，你就越能理解世界原来不仅仅是身边的样子，原来那样生活也可以。态度决定高度，眼界决定境界。人的视野越广阔，心胸也就越宽阔。

周游世界，还有一个更深层次的意义，那就是放空自己，观照自省，跟自己的内心对话。"吾日三省吾身。"人们平日生活在习惯的环境，思维被琐事不断地固化，慢慢地基于社交、职位、财产等形成人格，并对这些外部东西产生依赖。拣两三个行囊，踏入陌生的国度，人将明白身外之物转瞬即逝，自己的内在才是永恒价值的所在。有了这种对生命的深刻体察，人将变得更加真实。

尽管都是行走，"登30岳"的宗旨与"游30国"却有所不同。游30国，是为了拓展眼界，观照内心。登30岳，是要去接触大自然，磨炼毅力、耐力和冒险精神。

王品人喜欢冒险，探索未知，挑战极限。在险山峻岭之中，在渺无人烟之境，习惯闹市喧嚣的你将面对一个完全陌生的世界。天气也变得不可捉摸，一场大雨突然来袭，就能把你困在深山之中。面对前路的混沌未知，队友彼此的支持、鼓励和互助愈发显得重要。

王品最初设定的"30岳"，是以诸多登山爱好者在台湾山峰中选出的秀丽奇特的100座为目标。业务拓展至大陆后，同仁们的选项变得更多，三山五岳不能遗漏，喜马拉雅也并非不能觊觎。

会当凌绝顶，举目远望，天地不再有边际，你能感受到自身的渺小，懂得敬畏自然。一览众山小，把群山踩在脚下，你又能感受到人之伟大。于是，登山者消灭掉自负，不再为自己获得的一点点成功沾沾自喜；由此，登山者抛弃妄自菲薄，不再让自己受到的一点点挫折影响自己的斗志。经常能看见的是，登顶成功后，王品人不仅忙着把美景收纳眼中，还喜欢在山顶对天发誓，把来年的个人目标和团队目标大声说给天公听。距离近一些，老天爷或许就更容易听见大家的心愿，助大家一臂之力。

王品鼓励同仁在职业生涯期间实现自己的理想与梦想。大部分的老板说"贡献公司，牺牲小我"，但王品认为"贡献公司，也要成全自己"。如果公司除了工作以外，其他什么活动都没有，那么同仁的记忆就只剩下上班。到了退休那天，同仁会遗憾地说自己想登山川大岳、想周游列国，但韶光已逝，没有了机会。同仁的所有梦想在退休那一刻化成噩梦。

人生是你从自己的生命中得到的东西。如果你在生活体验方面超越别人，大伙会觉得你值得羡慕，甚至敬佩。如果你只是在物质上超越别人，那么只会让大家觉得酸溜溜，增加你与别人的心理距离。

学分制让同仁们感受到追求人生体验是正当的。同仁们不仅要走出去，而且还要理直气壮。走出去是对公司文化的支持，还是对工作的懈怠，两者的心境完全不同。

而且，一个目标放在那里，大家都有数字，你就有了压力和动力。"社会学分"刚开始实施时，同仁们都难以置信，认为怎么可能达成？然而，现在去喜马拉雅山朝拜的王品同仁已有几十号人，爬完台湾玉山的已有四五百人，吃完30店的更是不计其数。看来，只要用心去做，什么事情都可以完成。

海纳百川，人游诸国，人生由此有了更深刻的意义。"王品九条通"说：演戏可以彩排，人生不能重来。王品希望每一位同仁都能尽情地玩味生活，累积属于自己的精彩人生，等到老年时回顾来时路，可以自豪地说："这一生，了无遗憾，唯有满足。"

王品
你没有全尝到

运动输送正能量

> 做别人不敢做的事情，做起来才带劲。

自行车绕骑青海湖

青海湖海拔三千多米，碧波浩瀚，鸟翼如云，是中国最大的内陆湖。环湖一周约有379公里。以青海湖为中心，每年七八月都会举行"环青海湖国际公路自行车赛"，这是世界上最高海拔的国际性公路自行车赛，被列为全球五大职业巡回赛之一。

2012年6月的一个早晨，青海湖边，身着红色运动服的王品大陆事业群的同仁四十余人，排成一字百米长队，骑着自行车迎风前行。刚刚进入夏季，南方已有些许暑气，青海湖边却寒意沁骨。没骑多远，同仁们的手脚变得有些僵硬，不听使唤。好在太阳不久露出了笑脸，光芒照耀大地，人终于感觉到一丝暖意。

王品的第一次自行车绕骑青海湖活动发起于2012年。活动采取自由报名、旅费自理的方式。报名消息甫出，40个名额就一抢而空，没轮上的只好等明年。

尽管报名积极，但存在的疑虑也有不少。毕竟那是王品第一次在大陆举行环青海湖自行车骑行活动。虽然有些来自台湾的同仁，有环岛骑行的经验，但是高原骑行却是他们第一次参加，非同平地能比。

大陆的同仁则更缺乏经验，有的甚至从未骑过运动自行车，连骑行裤里不穿内裤的知识都不知道。家人们也是多半信心匮乏："你到底行不行！别一味逞强反而拖累了团队的后腿！"不过，没有做过的事，怎么知道自己做不到？

作为后援团的管理部则给这次骑行做了充足准备，聘请捷安特专业辅助人员，在申请同仁中遴选值星官、押路官，定制统一服装，采购必备药品和食物，设计每日路线。唯有后援扎实，王品同仁才能放手去冲。

红色的自行车队旁，三辆保障车前呼后拥。急救药品、食品和水、卫星电话，车上应有尽有，甚至备上了驱寒的姜茶、抚平伤口疤痕的美容胶。参加这次环青海湖骑行活动的同仁体能差异颇大，既包括身经百战的"三铁勇士"，也包括从未长途骑行过的菜鸟，甚至有一位重达百公斤的胖经理。万一有谁产生高原反应，或者体力不支，无法坚持，可以马上到保障车上休息。可是一旦上车，就意味着这次骑行失败，也就失去了"骑行勋章"。

这一次，陈正辉也参加了骑行。这是王品在大陆的第一次高原骑行，他当然不愿错过。

骑行第三天时，中午刚过，当天的骑行计划已经完成大部分。看见只剩下十几公里的路程，大家都觉得今天定然轻松，不知不觉放缓了车速。谁知天有不测风云，高原上风雨突起，而且来势汹汹。逆风而行的同仁们几乎踩不动踏板。同仁们试着下车推车，却又发现推车似乎比骑行还要困难。一时间，上也不是，下也不是，十几公里的路程，一下子变得无比漫长。

抹掉击打在脸上的雨水，王品同仁在风雨里相互鼓励。每一蹬一次踏板都是一次胜利。谁能匀出一点力来，就推扶同伴一把。更多的时候，陪伴就是一种力量。"加油，你可以做到！"十几公里路程，一路跌跌撞撞，同仁们骑了两个多小时才完成。

好不容易抵达酒店，大家换下行装，赶紧洗漱，准备早些休息。有位同仁却发现，陈董事长一直在喊"冷"，似乎有些状况不对，拿来体温计一量："不好，陈董事长的体温怎么这么低！"身处高原，身体失温可不是儿戏。是留在酒店？还是紧急送往医院？一番商量后，同仁们接受当地人的建议，先在酒店采取措施稳定住体温：热水泡脚，喝浓姜汤，添厚棉被。到了半夜，陈董事长的体温渐渐回升，大家这才稍微安心。

第二天一早，同仁们悄悄整队准备出发。没有人去喊陈董事长，大家都想让他多休息一下，巩固健康。没想到，陈董事长早已穿戴好行装，推着自行车站在队伍中。"你们巴不得我是'逃兵1号'吧！我可不能让你们得逞。"看见大家用关切的目光望着自己，陈董事长拿自己开起了玩笑。

再骑一圈，再前进一米！再踩一下，距离目标又近了半米！再坚持一小时！再坚持15分钟！就这样，在第四天，相互砥砺的王品同仁完成了379公里的骑行，整整绕行青海湖一圈，陆续抵达了目的地。

"不对，胖经理怎么还没来？"在队友陆续抵达终点一个小时后，体力最好的执行长斌哥发现体重超胖的经理仍不见踪影，赶紧折返找人。反向骑了好一阵子，才遇到这位气喘呼呼的同仁。

"加油！你能行！加油！"这位同仁正吃力地缓缓踩着踏板，斌哥绕到他身后，大声鼓劲。或许是因为主管亲自督战，这位同仁不知道又从哪里找出了力气，脚上的速度快了起来。两人顶风冲刺，一前一后，"加油！加油！""就要到了！"在队友的高声欢呼中，胖经理的自行车终于驶过终点。

"我……我……做……到了"话音未落，胖经理一屁股坐在地上，急促喘气，"我……手脚……发麻，我……吸不到……空气……"原来，高山氧气稀薄，胖经理呼吸过于频繁，肺内的二氧化碳浓度过低，诱发了"过度换气综合征"。

"快！拿塑料袋来！"有经验的同仁赶紧找来一只塑料袋，罩住他的口鼻，让他反复吸入自己呼出的二氧化碳，症状才慢慢缓解。

第一次的环湖骑行，没有一位王品同仁中途退出，没有一位骑手功亏一篑。首次的大胜利似乎给大家带来了勇气和运气，自活动初创以来，报名参加的200多名王品同仁，都完成了环湖目标。有位同仁第一次环湖骑行时，不慎摔伤，因此只好上车。第二年，她报名再战，达成心愿！

做别人不敢做的事情，做起来才带劲。高原上明净的天空，云卷云舒，让人难忘。遍地的狼毒花，好看不好惹。环湖骑行不一味追求速度，重要的是别错过沿途的风景。素不相识的骑友、陌生的过路人，每逢经过，都会给王品同仁加油。上坡时艰难，下坡时轻松，如同人生的高峰和低谷，有艰难时刻，也有顺境如意。旅程映射着人生。每位同仁都庆幸能在此生经历这样一次体验，接受一次大自然的挑战。

在旅程中，王品同仁还会发现，人的潜能远超出原先的自我认知。体能达到极限时的不放弃，超越了所有的说教。"我能坚持！""我能做到！"当人生遇到困难时，这些曾经激励自己前进的声音，会自然在耳际响起。

王品的同仁，现在会自行组织骑自行车长征，距离短的有三百多公里，长的有五百多公里。华北区同仁，从首都北京骑到山东济南；华东区同仁，从风景如画的浙江千岛湖骑到油菜花飘香的江西婺源；华南区同仁，从海口出发到三亚亚龙湾。环青海湖骑行海拔高，风速强，路程不是最长，但挑战最艰巨。

除了自行车长途骑行考验，王品大陆同仁还参加在各地举办的国际马拉松半场赛跑，一口气跑完二十一公里。

这些看似只有体育健将才参与的项目是王品人的爱，其实源自王品的传统——做个"三铁勇士"。

> 健全的心灵来自健康的身体。应对多变的现代社会和激烈的商业竞争,没有强健的体魄,实在是容易感到力不从心。

三铁勇士勋章

王品有个传统是"王品三铁",即"攀登玉山""铁骑贯宝岛",以及"泳渡日月潭"。完成三样就可以获得"三铁勇士勋章"。当然有同仁提出:"对于旱鸭子来说,横渡日月潭是不可能完成的任务。是不是可以换成别的?"王品因此又添加一项马拉松竞赛。不会游泳的,就用半程马拉松来取代。

但凡王品同仁,完成四项挑战中的任何三项,就可以获得"王品三铁奖章"。三项完成后,奖章刻上每个活动的完成日期,按完成的顺序加上编号。一年一度的尾牙会上,这枚奖章当着几千人的面颁发,很是威风。在台湾,曾有一位五十多岁的同仁,每天上班时把奖章大剌剌地摆在办公室桌上,家中若有客人来,就一定会把奖章背回家。拿到三铁奖章,成为他最自豪的事情!

王品的马拉松只跑半程,全长 21 公里,限三个小时完成。有一次,一位工程部同仁参加了马拉松比赛,跑了 3 小时 09 秒。超了 9 秒钟,能不能通融一下?这位同仁在王品已服务近二十年,登玉山、铁骑环岛都通过，只差这一项就能斩获三铁奖章。但问题是，如果下次有人超10秒，算不算通过呢？如果10秒可以通融，之后又有人轻微超出，是不是又要讨论？虽然不忍心拒绝，但标准定下就得严格执行，一视同仁，否则纪律就成为空谈。这位同仁虽然只超9秒，还是没能过关。

为什么要花费力气组织同仁完成"三铁"？很多人觉得不太好理解。做餐饮就做餐饮，干嘛搞得如此复杂，还规定某些人非去不可？

然而，现代社会日新月异，商业竞争趋于白热化，任何一个行业，没有强健的体魄，实在是容易感到力不从心。同时，健全的心灵来自健康的身体。三铁历练同仁体魄，激发潜能，还能增强所有同仁的胆识、勇气、信心和意志。王品还希望，借由磨练途中的互相扶持，激发王品人的团队精神。

完成"三铁"，大概要花三到五年的时间，单凭兴趣和热情，实在撑不到那么久。因此，王品特别把三铁项目计入学分，作为人才选拔的一个部分，为职业发展做个见证。王品希望，通过公司的制度与团队的力量，推着大家向前走。王品并不规定同仁何时将学分修完，但是有进取心的人看到公司不断成长，主动抓紧修习是常有的事。

三铁和王品其他许多活动，如今成为同仁们私下聊天极佳的话题。大家碰面不会只问："今天营业额多少？"更多的是关心彼此的健康和生活。"你几铁了？""马拉松你跑几小时？"彼此砥砺，共同成长，比一家人还像一家人。

> 雪山就像一所没有围墙的学校,如果主动走进它,你就能学到平地上找不到的智慧,享用终生。

牦牛脚步的自然律

珠峰,我们来了!

除了三铁,王品还有珠峰基地营登山活动。看来,王品的同仁打算用双腿征服全世界!

加德满都依山而建,混乱中却有自己的秩序。这里有苦行僧,有来自世界各地的背包客,有乞丐,还有贪吃的猴子,慵懒的狗,一切都有趣地统一在拥挤的空间里。几乎每一个准备登珠峰的人,都会来这个小城。2013年3月,执行长斌哥带队的第三批珠峰基地营登山队在这里集合。参加这次活动的王品同仁一行十六人,主要来自大陆团队,另有几位台湾同仁、一位台湾女记者、一位摄影师。

从加德满都乘飞机来到海拔2 840米的山区小城鲁克拉,刚刚下榻,王品人就忙着往入住山屋的墙面上钉集团旗。原来,王品登山队第一次来到这里就发现:"哇,怎么每面山屋墙上,都钉着各种各样的旗帜?"因此登山队再一次出发时,早就做好准备,带了十几面集团旗。队员们签上自己的名字,把旗帜牢牢地钉在墙上。墙面不够用,就耀武扬威地钉到屋顶上!

每位王品同仁的背包后面,也插着两面绛红的集团旗。一路上,红旗迎风招展,引来许多各国登山客的注意:"Wow, All you guys are from wowprime!"当场就成为最引人注目的形象推广。

前往珠峰基地营的路,谁都不敢笑言轻松。这次攀登的目标,海拔高达5 364米,足足要走七天。其中约有半路程要在雪线以上步行。七天之内,每天清晨八点启程,下午三点休息,每天要走六七个小时。高原上氧气稀薄,每挪动一步都不那么容易。虽然有当地的夏尔巴人和牦牛运送补给用品。但防寒服、水壶、冰爪、雨衣、氧气瓶等,都必须自己负重,增加了对体能和适应力的挑战。

这支登山队伍里,有一些同仁曾在台湾高山演练,但无人登过4 000米以上的险峰。随着海拔高度上升,气温越来越低,吸入鼻腔的寒气几乎要冻裂鼻腔,空气也越来越稀薄,肺喘得差点要炸开。队伍里很快就有人高山症发作。有人腹泻,有人头痛,还有人不停地咳嗽。一些同仁的步伐越来越慢。刚开始是落后十几米,渐渐变成落后十几分钟,几乎要看不见队伍。好不容易抬起灌铅的腿,赶上队伍,其他人却已经整理行装,准备重新启程。

"抵达目标的概率有几成?""真的都能上去吗?""最难的路段已经过去了吗?"看见越来越多的同伴出现状况,身体无恙的队友也开始担心起来。一时间,似乎进退两难。

好不容易来了,哪能轻言放弃?只要各项身体指标仍符合要求,就继续前进。领队审时度势，决定改变队形，让高山反应厉害的同仁走在队伍前面，其他人紧跟他们的速度前进。大家尽量保持相似的节奏，绝不让队伍分散开。

为了鼓舞士气，斌哥卖力地当起拉拉队长。一路上，不是蹩脚地向十五六岁的夏尔巴挑夫学习藏语，就是鼓动大家放声大唱登山情歌，全然不顾自己在团队中的年纪最大，最显得"为老不尊"！一位六十多岁的夏尔巴老挑夫，英语不灵光，门牙缺一颗，也与王品同仁一同唱歌，还指着自己的脑袋说"我是'Mr. Handsome'，逗得大家捧腹不已。

随行的记者姑娘身材娇小，一个背包在身后，几乎遮住了她的身影。小姑娘没有一丁点登山经验，因此大家都担心她会第一个撤下来。谁也没料到，她调整呼吸，踩着牦牛脚步的节奏，一步踩实再迈下一步，居然坚持抵达了珠峰基地营。相反，有过登山经验的男性摄影师，体格看上去很棒，却在接近基地营的时候，测出血氧含量太低，继续前进风险太大，只好中途退出。

整整七天不折不扣地执行路程计划后，王品的十四位同仁和记者姑娘抵达目的地。几天来的压力与劳累，顿时释放，所有人围着挂满五色经幡、写着"Everest Base Camp"的石堆，兴奋忘情地又叫又跳！绛红色的王品集团旗迎风猎猎，白皑皑的雪山、延绵不断的冰河，令人宠辱皆忘，心旷神怡。

踏着牦牛脚步的节奏，王品队伍有机会来到珠峰基地营。经历大自然千万年的磨砺，牦牛成为世界上生活在海拔最高处的哺乳动物。这种温和的动物，脚步缓慢，却不畏酷寒和险山，能把上百斤的食品、饮料、帐篷和其他日用品从海拔两千多米一直送到海拔五千多米。对于王品集团来说，无论是在大陆，还是在台湾，企业也应该步步为营。王品不求发展速度，但求每一家店都让消费者放心。

对于团队来说，环境愈艰苦，领导者愈应该表现出轻松和笃定。如此，同仁才能镇定下来，找回继续前进的动力与勇气。

雪山就像一所没有围墙的学校，如果主动走进它，你就能学到平地上找不到的智慧，享用终生。

> 我们每天过着仅走几十步的生活，
> 似乎忘记了走路，忘记了双脚的存在，
> 实在令人感到有些惭愧。

"步步" 算计

餐饮业免不了大吃大喝，尤其到了中年，身材肯定走样，但王品集团却很少见身材肥胖的主管。秘诀在哪里？在于"步步"算计！

为防止同仁在完成"吃遍天下无敌手"目标前，可能先吃出尿酸、血糖、血脂"三高"，王品在1997年10月25日就"贴心地"规定，所有经理级以上的主管必须每天日行万步，每月检查结果，每季合格计入一个学分。比起今天的流行"微信步数排行"，王品的"每日走"计划早了近20年。

有资料说，在交通工具不发达的古代，人们每天走三万步是一件平常的事情。现代人久居办公室，上下班乘公交地铁，车站换乘踩自动扶梯，公司大楼少不了电梯。我们每天过着仅走几十步的生活，似乎忘记了走路，忘记了双脚的存在，实在令人感到有些惭愧。

人体有六百条肌肉，大部分集中在下半身。让脚动起来，身体自然会好。走路被世界卫生组织认定为"世界上最好的运动"。西医之父希波克拉底说，"走路是人类最好的医药"。中国中医认为"走路是百炼之祖"。美国心脏学会奠基人保罗·怀特博士曾经担任美国前总统艾森豪威尔的心脏外科主治医师,他提出"脚是第二心脏",并首创了以走路作为心脏病和心梗病人康复治疗的方法。

实际上,就不受条件限制、随时随地获得锻炼效果而言,没有哪一项运动能比得上走路。走路可以每天都去做,又不会增加很多麻烦。走路用不着伙伴,也无需特殊装备,一个人就可以轻松自在地进行。其他的运动,比如高尔夫球或网球,没有球具,没有球友,你就很难去实施;登山更是需要许多复杂的装备,而且一个人上山也不太安全。

当然,走路随时随地都能做,因此也更容易被琐事打断,更能考验一个人的毅力。为了鼓励和叮咛同仁保持健康,践行走路运动,除了给主管配备机械计步器之外,王品还特别设计了一个A4表格,要求同仁每天填写步数。每个月统计一次,以总步数除以日数,日平均超过万步,那就算过关;若没达标,罚款两百元。生病或是脚受伤怎么办,对不起,照常计算,伤病好了得补足。人类是着迷于数字的动物,喜欢看到数字的变化。看到数字的增长,就有了继续前进的动力,并且乐此不疲。进入数字化时代,各种运动手环层出不穷,甚至手机也可以用于计步,机械计步器这才光荣退休。

为了达成"日行万步"的目标,同仁们个个绞尽脑汁。上下班能不开车坚决不开车。单位就在住址旁边的,特地会走路兜一圈。6层以下的楼,直接登上去。驾车去繁华地段,王品同仁的泊车速度总是最快,因为还没有到目的地,同仁就早早泊车,以步代车,不仅节省了能源，还节省了找停车位的时间。搭飞机出差，一下飞机，"禁足令"失效，转机的接驳车不乘啦，直接走过去！太太要找人陪伴逛街，或者厨房缺一包盐，王品男同仁半抢着说："我去，我去。"夫妻之间的感情因此更加和睦。孩子看到爸妈喜欢走路，跟着一板一眼地学，家长也就没有了送孩子参加"胖墩夏令营"的烦恼。

走路不仅能健身，还能够健脑。美国匹兹堡大学研究表明，步行不仅可以增加大脑体积，还会让丧失记忆力的几率降低50%。适当的运动还可以改善心境，转移消除消极情绪。除此之外，走路也是跟自己单独相处的最好机会。一个人走，可以领略沿途的风景人物，也可以目不斜视，沉浸于自己的内心世界。每逢遇到难题或者麻烦事，走个一大圈，不知不觉间，或许解决方案便涌现在脑海。

一个人走万步，独自快乐；一百人走万步，分享快乐；一万人走万步，生活更精彩；六十五亿人走万步，地球动起来。王品希望有更多的人关心自己的健康，因此在16周年百店庆时立下如此宏愿。

为思想充电，为健康加分。十多年来，愈来愈多的王品同仁天天走，愈走愈有劲。如今，公司的日行万步已经推行二十年，阵容也越来越强大。不只是高阶主管，所有店长、主厨，统统每天要交作业。走路成为一种习惯，运动不是负担，所有零碎的时间都可以用来运动。在王品公司总部，你几乎看不到西装革履的装扮，因为王品的主管一律穿戴"三宝"：休闲裤、大背包、运动鞋。

走路，随时出发。

王品
你没有全尝到

用工作的专注去游戏

> 同仁们辛苦一年,请大家在尾牙上好吃一顿,不仅是一种犒劳,更是一种"心的交流"。只要能逗同仁们开心,董事长、主管牺牲些"色相"又何妨!

中常会演反串

五位身着白色长衫的阿拉伯蒙面大盗走上舞台,五位半遮面纱的阿拉伯女郎陪伴在左右。阿拉伯大盗摆出凶狠架势,阿拉伯女郎翩翩舞起衣袖。

"咦,大盗们好像矮了些,女郎们好像壮了点?"台下最初是交头接耳,不一会就沸腾出笑声。看见台下的同仁识破真相,台上的人不再装模作样,跟着台下一起欢乐起来。原来,这是王品的高管玩"cosplay",在台上表演男女反串。

每年尾牙,是王品同仁尽情释放欢乐的时候。在这个场合,王品同仁要比拼谁更会玩,谁的娱乐更有笑点。临近 2013 年的尾牙,王品大陆的经营同仁提出扮演阿里巴巴四十大盗。陈正辉当即表示赞成,接着又补充:"娱乐精神一杆到底,干脆男女反串。"

猪鼻子插大葱,装象就得像个样。服饰细节、编排剧情、设计动作,必须一丝不苟。繁忙工作间隙,王品同仁抓紧时间彩排,以求保证演出效果。导演、演员、舞美、化妆,大家分工明确,各司其职。

每次排练，谁都不偷懒，谁也不迟到，认真程度不输于开一场中常会。

董事长、高管们为什么愿意这样"献身"？原因很简单，尾牙是公司每年答谢同仁的时刻，同仁们一年辛苦到头，这一刻要让同仁们尽情放松，董事长、高管必须做地地道道的服务者。尾牙开始前，董事长和高管们会早早到达现场，站在门口迎接每一位入场的同仁，向同仁鞠躬，表达感谢。散场时，董事长和高管们在第一时间立在门口欢送，目送每一位离去的同仁。在尾牙上，同仁们需要像"上帝"一样被对待，中常会成员们的卖力演出也就理所当然。

大陆幅员辽阔，王品业务不断扩展，尾牙不能把所有同仁聚在一处，索性分区集结，300桌宴席在全国各大城市撒开。大陆同仁几乎个个身怀才艺，毛遂自荐，积极参加表演，有的讲相声，有的唱歌，有的跳舞，有的演魔术。一台台尾牙秀场，堪比央视的春节联欢晚会。对于辛苦一年的同仁来说，登上尾牙的舞台是一件特别荣耀的事情。2012年，苏州店的阿衡拿出一个让人人惊诧的绝技：川剧变脸。后来才知道，阿衡为了尾牙演出专门拜师学艺，早就有"预谋"。为了给大家带来一个惊喜，阿衡每天下班后已经悄悄苦练了一个半月，但直到演出前三天，才终于掌握技巧获得成功。

王品集团的尾牙大会不仅是一个"游乐会"，也是"求婚会"和"感恩会"。王品规定有情男女结为伴侣后，不能在同一家餐厅工作，但王品并不反对同仁喜结连理。所以趁着尾牙现场的热闹气氛，不少男同胞都鼓起勇气向对方求婚。有这么多熟悉的人共同见证，一起祝福，成功的胜算又多了几分。

虽然是一场玩乐，王品同仁却会用工作的专注来对待。尾牙的服务工作由管理部负责，每年早早就开始筹备。尾牙上能拿出什么节目不用操心，同仁们会自己开动脑筋。场地、灯光、设备才是管理部的职责所在。因为参与人数众多，现场规模庞大，每次选场地，管理部都要一一考察。能不能容纳几百人？有没有供表演的舞台？菜色能不能兼顾南北同仁的口味？每个细节要拿来推敲。每一道菜品也要逐一试吃。直到满意才可以。

各地尾牙举办的时间一旦确定，会积极上报管理部。管理部"金牌在握"，统筹安排董事长和高管们的行程。管理部总是想方设法让董事长和高管们多去几个尾牙现场"巡演"，因此尾牙季节一到，王品的董事长、高管们就成了公司中最忙的人，被管理部支使得团团转。执行长斌哥2015年参加尾牙的场次数量排名第一，各地的尾牙他足足去了29场！

"顾客第一，同仁第二，股东第三"，早就被写入王品宪法，是集团上下都知道的一件事。"顾客第一"，道理再明显不过，顾客的惠顾是公司生存和壮大的基础，"衣食父母"当然要摆在最前面。"同仁第二"，也容易理解，大家团结一心，共同努力，公司才有竞争力。在王品人看来，同仁们辛苦一年，请大家在尾牙上好吃一顿，不仅是一种犒劳，更是一种"心的交流"。只要能逗同仁们开心，董事长、主管牺牲些"色相"又何妨！

> 公司旅游活动如果缺乏新意，同仁就可能觉得"去不去无所谓"，甚至难以凑成行团。但是，王品的公司旅游这么好玩，每逢遇到报名，同仁们都高喊"我一定要去！"

下半年的旅游季

啊，接下来的项目是浮潜！洗碗岗位的张阿姨得知马上要下到海水中，心里又紧张，又期待。这是张阿姨第一次出国，第一次看见蓝色的大海。现在，又要第一次与海洋亲密接触，第一次在水下看见鲜活的鱼群。太多的第一次。张阿姨兴奋地觉得自己像在做梦。

碧海蓝天，白色沙滩，海水清澈见底，水下的鱼儿色彩斑斓。"下水吧！"教练和董事长在一旁鼓励着，张阿姨鼓足勇气，穿戴上浮潜三宝：面镜、呼吸管、脚蹼，在教练的指导下，漂浮、低头、闷水、吐气，不一会儿就掌握了浮潜的技巧。

在王品工作一年多的张阿姨，2016年报名参加了王品的出国游。王品出国游的主要费用由公司补贴，个人只要拿出很少一笔钱。想想自己从未出国开过眼界，这次公司出了大半费用，自己只要少部分支出就可以，不仅有一堆游乐体验，而且还与同仁共行，张阿姨毫不犹豫地报了名。

坦率地讲，第一次出国游，张阿姨的心里颇有些紧张，毕竟她之前从未出过远门，连飞机长什么样都不太清楚。不过，同仁们早就帮她安排好了一切，让她把心妥妥揣到肚子里。只要带齐个人证件、自己的手机、随身的衣物，甚至可以不带一分钱，张阿姨就可以放心地和同仁们一起出游。

乘坐飞机之前，王品的旅游手册发到了张阿姨的手上。几点几分集合，在哪里集合，护照怎样用，怎样通过安检，飞机厕所如何使用，甚至于包括外出时每天应该随身带几瓶水。每一个环节，都说得清清楚楚，细致程度让旅行社都自叹不如。可以说，任何一个第一次出国、第一次坐飞机的游客拿着这份手册，都能轻松出游。难怪不少旅行社都争相收集王品的旅行手册，换上自己的封面，直接发给自己的客人。

王品的集体旅游，同仁皆有份。台湾从1995年开始举办，大陆从2004年正式推行。只要在王品工作满一年，无论你是高阶经理，还是洗碗阿姨都可以报名参加。国内一般游，同仁们不需要支付任何费用，全部由公司承担。出国游，公司承担一部分，同仁们只要补足差额即可。

每年下半年，是王品集团的旅游季，也是王品人最快乐的时光。同仁一批批出游，会不影响店里的生意？不用担心。只要合理计划，细致安排，就不会产生问题。出行前，从管理总部到各分店，每一处都弥漫着期待的心情。旅游时，大家疯狂地玩，欢乐没有穷尽。回来后，留存一筐子的美好回忆，欢乐也就转化为生产力。

王品人爱玩，会抓住旅途中的任何一个机会创造出惊喜。第一次集体出行，王品就设计了王品专属的行李牌，当带着红色王品标记的人马浩浩荡荡地走过景区时，煞是壮观。在东南亚旅游的那次，王品管理部的同仁提前赶到宾馆忙了一个通宵。同仁们走下游览车，打开宾馆房门，第一眼看到的是自己在景点照片！精心镶嵌于原木框中的照片端正地摆放在桌上，不少的同仁激动得大声尖叫。另一次去东南亚小岛，王品请旅行社在码头和岛上处处插上王品旗帜，让整个岛就像是王品的专属地盘！

旅游的经费可以有限，但创意可以无限。现代人经常外出旅游，公司旅游活动如果缺乏新意，同仁就可能觉得"去不去无所谓"，甚至难以凑成行团。但是，王品的公司旅游这么好玩，每逢遇到报名，同仁们都高喊"我一定要去！"

> 如果不能感动自己的同仁，却要求同仁"对着客人要鞠躬，要微笑"，即使能够做到形式，只怕顾客也难以感动。

玩中的"魔鬼细节"

王品旅游团每年的人数都要过千。近两年每年出游人数更是超过了2 000人。

要让数千人在几个月的时间里陆续出游，杜绝差池，不是一件容易的事情。更重要的是，王品坚持品质为先，要玩就要玩到最好，杜绝"有的玩就不错"的心态，做到"令人感动"，是王品旅游的指南针。奔着这样的目标前进，"魔鬼细节"的考虑必不可少。

为了同仁旅游的每个环节都能做到尽善尽美，王品大陆管理部通常提早半年就开始谋划。每次都动员大批人力，进行各项行前考察。考察团的团长，是负责管理部的副总经理许侦微。这位四大会计师事务所之一出身的高级经理人练就一身"侦察微小细节"的高超本领，是管理旅游的最佳人选。

旅游的第一个关键是旅游路线和旅行社的服务质量。为了能够让王品同仁达到最High境界，通常会派出一组先遣人马考察路线，并一路观察导游如何带团，怎样讲故事，能不能让大家兴致盎然。

听说张家界的玻璃桥建成开放了，2016 的王品国内游就选定在张家界。担心有同仁恐高，或者遇到天气原因玻璃桥不开放，于是还设计有"B 计划"供同仁选择。

为了给韩国之旅增色，王品跟旅行社协商，把参访行程从既定的市区大楼内拉到乡村，以看到韩国人做泡菜的真实情境。

对于车辆的安排，王品一定会要求旅行社提供三年内的新车。新车干净、安全、舒适，空调也不容易出故障。刚去东南亚，王品考察团就发现当地有一种"黄昏牌"空调，车开了整一天，直到太阳下山，空调才制冷。坐上这种车，岂不要把同仁们都热死？赶紧把装有这种空调的车换掉。

用餐的细节更是需要仔细考虑。很多人在旅行时只看重景点，吃得不好不要紧。但王品同仁个个都是美食达人，吃什么，怎么吃，全都马虎不得。王品考察团会摸遍景点线路上的饭店，一家又一家地试吃。

试餐时，都是叫上一整桌菜，每道菜皆吃一遍。一则，为了品尝味道，增加当地的特色菜肴，以免同仁抱怨没有新鲜感。二则，是要根据同仁所在的地域、口味，要求餐厅做出调整。北方的同仁去桂林旅游，试吃同仁发现桂林的饭店基本都没有馒头提供，于是就请旅行社的人，每天到外面采购馒头，确保每一餐的餐桌上都有北方同仁喜爱的主食。三则，是测试上菜速度。看到摆盘上有雕花，考察团会警觉地问："如果当晚开七十席，这些花来得及雕吗？确定的菜肴要拍下"定装照",饭店必须承诺,王品旅游团来时,必须不打折扣,照样端出菜来。临别时再放下一句"狠话":"我们也是开饭店的。你们做得好不好,我们一看就知道!"环境、厕所、服务、空调设备,也会成为考察的要素。在一次考察结束后,为了迎接王品的同仁,一家餐厅真的就按照王品的要求特别增加了制冷设备。

2015年的海口和三亚之行,王品管理部选择了5家饭店做比较。考察行程中,同仁们一天至少吃五餐,多的时候会吃到七八餐。几天吃下来,一边喊"吃不消",一边还要吃!大家准备好酵母片,人手一瓶,每顿试餐结束,立即吞下一把酵母。

一切准备就绪后,两千多人的大部队开始分批出游。每一个旅行团,只有店长及以上的主管才有资格担任领队。身经百战的这些主管个个练就"脸笑、嘴甜、腰软、手脚快、目色利"的本领。同仁们辛苦了一年,难得有一次这样全身心放松的机会,唯有抽调出这些主管才能把大家服务好,带给大家最美好的回忆。

领队和组长们白天张罗同仁们出行,晚上则聚在一起开会,回顾当天的行程细节,发现不周全之处,第二天立刻实施改善。有一次旅游,游览车因为路上的交通事故阻碍,很晚才到旅店,大家都急着登记入住。几百人鱼贯而入,把整个大厅挤得水泄不通,一张张地发门禁卡,耗费了几十分钟的时间。事后,同仁们提出解决方案,要求旅行社事先与旅店沟通好,按照每辆游览车上的人数将房间钥匙分配妥当,直接在车上发放。如此一来,同仁一到旅店,立即就能进房休息,即避免了人流集中产生的混乱,又节省了枯燥等待的时间。

王品的旅行设计是如此周到,长期积累下来,承办过王品旅游的旅行社说,有些客户企业只要听到是王品走过的行程,二话不说,立刻下单。王品的一些创意做法,如红旗插遍全岛、企业专属行李牌等,连旅行社都忍不住"借用"。旅行社把王品旅游中改动过的线路和创意做法重新包装,拿去当作其他企业旅游的提案,竟大获赞赏。尽管王品的眼光挑剔,但尝到甜头的旅行社如今都乐于跟王品合作,因为王品的不满意之处,往往就是他们需要改善之处。为了借助王品挑剔的眼睛,设计出全新的旅游体验,旅行社甚至愿意给王品大打折扣。

俗话说,言教不如身教,身教不如境教。每位同仁只有自我获得体验,才能把这种体验传递给消费者。如果不能感动自己的同仁,却要求同仁"对着客人要鞠躬,要微笑",即使能够做到形式,只怕顾客也难以感动。王品以服务顾客的精神办好公司旅游,以求同仁的最大满意。无意之间,就在旅游的欢乐途中,领队们把王品服务的DNA传递给了每一个人。

王品
你没有全尝到

多品牌成就王品

> 如果能让消费者不管前天吃猪排饭、今天吃牛排、后天吃火锅，吃来吃去，都不出同一个集团，就是达到了'如来佛品牌'的境界——因为不论怎么吃，都跳不出他的掌心！

品牌如来神掌

"哇，王品集团有这么多的品牌！花隐是你们的，西堤也是你们的！"接过王品管理部同仁的名片时，看见上面印有的花花绿绿的品牌标识，一时眼花缭乱，人们总是会这样说。仔细一数，王品集团旗下的品牌已经达到了20多个，在大陆的自营品牌有了6个：王品、西堤、花隐、鹅夫人、蜀三味、舞渔。

多品牌战略在制造业很平常。宝洁旗下的品牌有三百多个，联合利华的品牌数量多达四百个，在最高峰时期，更是有惊人的一千六百多个。然而，在服务性行业，创立多品牌的公司却很少见。就餐饮业而言，全球最大的公司麦当劳只卖一个品牌的产品，另一个餐饮巨无霸百胜，旗下的全球品牌不过肯德基、必胜客和塔可钟三个，而且统统是通过并购获得。像王品这样拥有两位数品牌，并且仍在继续拓展品牌的公司，在餐饮业可以说是凤毛麟角。

在王品的管理层看来，多品牌战略更多是被市场"逼"出来的。

台湾的人口规模只有2 300多万，市场并没有太大的容量。作为集团第一个品牌的王品牛排，走的是高价位路线，只能吸引中高层客人，发展规模有限。在这样的背景之下，公司制定了"发展多品牌、区隔市场"的策略，以求进行品牌延伸，打好品牌基础之后再择机走向岛外。

王品在发展多品牌时也走过不少弯路。创始品牌推出十一年后，才成功推出第二个品牌。如今王品在打造一个新品牌的时候，一定遵循四个步骤：先找出价格空窗带；基于价格，提出合适的产品选项，再从中挑定最后的产品；价格带敲定后，目标客层随之明确；目标客层有了，品牌的概念才浮现。王品将品牌假定为一个活生生的人，思考如何赋予这个人独一无二的个性。每一个品牌都是为了满足某个客层的不同需求而设计。

品牌这样多，会不会产生导致管理复杂化？在陈正辉看来，王品前25年成功的关键在于品牌之间的关联度要高。一个人要同时下几盘棋，当然分身乏术。王品的多品牌巧妙运用了纵向与横向的十字发展战略，早年全部采用单一价格套餐模式，后台的管理却更方便。纵向的发展是指同一种菜系可以依不同价格带发展出不同的品牌。横向发展是指同一个价格带可以发展出不同菜系。把两者整合在一起，前面虽有不同价格带、补充菜系的变化，但后台十几个品牌的管理却用同一个模组，培训的方式相同，人才可以互相调动，经验可以传承，因此管理起来不会太复杂。

现在的两岸王品，同样的一块肉，可以用铁板煎（牛排、铁板烧）、用陶板烤（肉串）、用锅子涮（火锅），由此满足了同一消费者对不同口味的需求。通过这样"一网收尽"的品牌策略，王品渐渐步入"吸引多元化客层、获得最大化收益"的佳境。奥美的叶明桂对此有一个形象的说法："如果能让消费者不管前天吃猪排饭、今天吃牛排、后天吃火锅，吃来吃去，都不出同一个集团，就是达到了'如来佛品牌'的境界——因为不论怎么吃，都跳不出他的掌心！"

> 如果以品牌定位为中心，让菜肴、服务、氛围在它的三个角落，那就刚好构成了一个三角形。这，就是王品的"红三角Cool"。

红三角Cool

王品专注于餐饮业务，不做男女饮食之外的事情。然而，这么多的品牌处在一个狭窄的空间，怎样保证彼此不互相冲突，造成"左右互搏"？看见一个个新的品牌不断推出，人们也感到好奇："你们不断推出新品牌的秘诀是什么？"

实际上，对于这些问题，王品每个同仁都能回答。在王品，"红三角Cool"是一个公开的秘密。

餐厅每日需要为客人做的无非是三件事，提供美味的菜肴、优质的服务、适宜的氛围。如果以品牌定位为中心，让菜肴、服务、氛围在它的三个角落，那就刚好构成了一个三角形。这，就是王品的"红三角Cool"。简言之，就是要让菜肴、服务、氛围在品牌定位的最高指导原则下进行，把品牌定位彻底实现。

"红三角Cool"听起来简单，做起来却大有学问。

海螺肉质鲜美，人人爱吃，但花隐日式怀石料理的一道海螺，不仅要求食材高质量，连摆盘用的花瓣，也要求新鲜、精致。干嘛要这么讲究？有了品牌定位，这个问题就很容易回答。若一位优雅的美女一手握着海螺，一手拿着牙签剔螺肉，固然得到女汉子的率真，却失去了优雅从容的淡定。这样的菜色不应该在花隐日式怀石料理出现，因为它和这个品牌的定位不一样。

怀石料理在日本属于高档菜色，尊崇中国传统的"不时不食"的饮食观念。在日本文化的影响下，怀石料理更加讲究进餐仪式的美感，从餐具到摆盘到进餐的顺序，都追求一种艺术性。到了王品，怀石料理又被加上一个"花隐"，将花道的含蓄、精致与优雅又融入品牌。所以，一道海螺，不仅要尊重食材的味道，也要具有形式的美感，让客人在进餐过程中，眼鼻喉舌都感受到享受。

顾客服务也与品牌紧密相关。五星级饭店力求尊贵优雅的服务，快餐店着重迅捷互动的服务，都是为了强化品牌特质。具体来讲，王品牛排、西堤牛排、花隐日式怀石料理定位各不相同，服务也完全不同：花隐日式怀石料理诉求优雅，服务人员说话轻声细语；西堤强调热情活泼，服务生必须笑得开怀，笑容要露出7颗半牙齿，招呼用语用活泼的"嗨，你好，欢迎光临Tasty！"；王品牛排标榜尊贵，服务生鞠躬时要达到15度，脸上要保持浅浅的微笑。

餐厅装潢与用餐氛围关系密切，当然也对品牌产生重要影响。消费者还没有跨入大门，他就从店外的装饰获得了品牌内涵的感受。踏入店内，装潢呈现出的氛围影响着客人的用餐体验。第一次惠顾的客人，多半是被店铺用餐氛围所吸引进来。

"花隐"和米其林一星的"鹅夫人",气质完全不同。"鹅夫人"以"鹅"为主题充满浪漫气氛。普通港式餐厅的环境氛围,多走香港传统TVB经典剧风。鹅夫人独辟蹊径,以英式雅致氛围主打,用飘逸鹅毛图腾,营造出梦幻、典雅、神秘的迷离幻境。来到"花隐",整个店面的色彩更加沉静,灯光含蓄、温柔。餐具也充满东方意趣,布局甚至流露出东方园林的自然和精巧。

如果要从氛围上区分"王品牛排"和"西堤牛排",也十分容易。虽然都属于西式风格,明显"王品牛排"的氛围更加华丽、隆重,有男性的气质。"西堤牛排"则时尚小资。

只要预算足够,餐厅装潢越富丽堂皇越好,这显然是一个误区。用餐氛围必须符合品牌的定位,营造与菜肴、服务一致的消费体验。例如,为了突破传统烧肉以男性客人为主的市场,台湾"原烧"设计了无烟、舒适、现代日式的装潢,以清新、纯真的海芋装饰店铺,营造"原汁原味好朋友"的用餐空间。"王品牛排"定位为成功男人通过尊贵展现诚挚,所以装潢偏向奢华,尽量凸显尊贵、男性气质。"西堤牛排"的消费人群主要是时尚白领,所以氛围的营造趋向时尚化、女性化、小资情调。

"红三角Cool"是王品餐饮品牌发展的铁律,也是经营品牌与消费者关系的最高指导原则。王品各个品牌的营销活动由此也具有了依据。

例如,"王品牛排"的个性定位是"男性气质,尊贵",以及"只款待心中最重要的人"。所以"王品牛排"常常是"重要纪念日"的首选。各种营销活动往往也是围绕这个主题。"'领证庆祝',浪漫大餐,快来赢",直接锁定结婚纪念日这个重要时刻,邀请新人们参加,参与抽奖,并设置"终身免费吃王品牛排"幸运 couple。参加活动的每对新人,在店内可以享受到王品牛排精心布置的浪漫晚餐,别致的桌面、特制的美食、浪漫的音乐,共同营造出美好的气氛,见证彼此的爱,成为一生中美好的回忆。

王品擅长抓住大众关心的议题,但每个品牌定位清晰,绝不会因跟风、热闹而让品牌"走调"。例如,"花隐"从不会举办农历新年活动,因为农历新年属于中国传统节庆,而该品牌的个性定位在"浪漫、优雅",农历新年活动不符合其基调。

"红三角 Cool"是王品品牌的"定海神针",让王品的事业经营在多品牌的茫茫大海中不会迷失方向。各个品牌只要遵循"红三角 Cool",就能通过菜肴摆盘、餐具选择、人员制服、内部装潢、户外招牌,甚至餐厅的识别标志,营造出独有的一致风格,做到多个品牌"彼此独立、互无遗漏"。

常胜"十字"军

如果把王品沉淀下来的品牌作一张图,以品类为横轴,以价格带为纵轴,就可以发现它们的分布呈一定规律。比如,从品类来看,王品牛排和西堤牛排分布于同一牛排菜系。王品牛排、花隐怀石料理等则分布于同一价格带。

这样的品牌分布和发展,不是王品的主观臆断,而是王品从自我优势的核心出发,寻找品牌拓展商机的结果。

王品开发西堤品牌时,出发点是延续已有的核心能力,在研发、采购、管理等方面发挥综合效益。当时王品的核心能力是经营王品牛排套餐,于是,新品牌的创建就沿着牛排品类在较低价位寻找空间,直至找到人均价格比王品牛排便宜一半的空当。针对这个空当价位的白领阶层客户群,王品牛排研发部门驾轻就熟地很快设计出了新的菜式。

西堤开张后生意的红火程度让王品意识到了白领阶层的消费潜力。王品在对消费者的需求研究中发现,吃西堤的消费者,除了看中菜品外,还重视西餐带来的品味和氛围。因此,王品针对这一群客户的感性需求又在台湾开发了同一价格带的新品类品牌——原烧。英美惠回忆说:"当时台湾人吃烧烤大多要置身于弥漫着油烟的吵闹环境中，吃完烧烤后全身都是油烟味。很多消费者想吃烧烤但不想要这样的体验。所以，我们就创建了原烧优质原味烧肉，让消费者在一个没有油烟的、优雅的环境中就餐。我们是做牛排的专家，在舒适的环境里为客户提供原汁原味的牛肉烧烤不是难事。"

基于这类思路创建的品牌积累到一定程度时，基于品类和价格的分布规律就自然呈现。2013年，王品（中国）将之总结为"十字形"品牌发展策略，横轴是品类，纵轴为价格。此后，王品在大陆市场的多品牌开发，都是沿着这个"十字形"布局，即以同一价格带、同一消费群为横轴，以同一品类向上、向下延伸为纵轴，在这一横一纵上寻发展多品牌。

十字形品牌策略有两个关键词：品类生根、聚焦核心客群。品类生根意味着，品类属性是一样的，但客群、价位不一样，可以充分发挥研发、采购、管理方面的优势；聚焦核心客群意味着，公司不需要再去花精力了解新的消费者和新的价格，只需了解这群消费者在这个价格带还需要什么品类。

2013年2月，王品在大陆市场的第一个新品牌花隐日式怀石料理诞生。花隐是面向王品牛排客户群开发的高端怀石料理品牌，客单价三百多元人民币。之所以开发这个日本料理品牌，是因为王品发现，自己所熟悉的客户群正在追求清淡、健康的饮食。日本料理符合这样的饮食趋势，但当时市场上的日料餐厅要么缺乏性价比，要么是由日本人经营，生冷菜品偏多，不符合中国人的口味习惯。除此之外，王品选择从日本料理切入，还因为日料是自己继牛排之后的又一个精通的大品类，王品在台湾就有4个日本料理品牌。

王品之所以新创这个跟王品牛排同一价位的品牌，一方面是因为通过经营王品牛排，对这一层级的客户群比较了解，另一方面也是因为王品要继续切分大陆中高端餐饮市场。陈正辉说："大陆餐饮市场是上面（中高价位）大、下面（低价位）大、中间比较小。因此，在这个市场经营，要么做上面的品牌，要么做下面的品牌，做中间品牌既费力又不赚钱。"

王品这些分布在同一价格带的品牌，在选址上也尽量追求相互靠近，比如，西堤牛排在徐家汇有店，鹅夫人也驻扎在徐家汇的太平洋百货8楼。这样的选址布局，不仅能将同一群客户粘连在王品不同的品牌上，还能实现交叉销售。

> 有了这些SOP，无论同仁人数是五百人，还是五千人，王品都能确保食物和服务品质维持一致、不走调。

没有中央厨房的连锁餐厅

说来令人惊奇，王品各个餐厅的前厅后厨模式已经运营了二十年。直到今天，这家拥有400多家直营门店的餐饮连锁集团，仍没有一家真正意义上的中央厨房。

中央厨房通过集中采购、集中生产，确保食材品质稳定，降低人力成本和采购成本，几乎是连锁餐饮追求利润最大化、实现规模化的必然要求。另一方面，设置中央厨房必然造成食物天然味道的折损，因为食材并非加工好就立即下锅，必须另外加入技术手段来保鲜。对于美食家而言，中央厨房往往成为他们心中难解的"恨"。

可是，没有中央厨房，怎么来保证口味和品质的稳定？王品有400多家餐厅。怎样才能确保客人今天吃的这个菜味道很赞，隔天再来吃，味道依然不走样？秘密就在于SOP（标准化作业流程）。

SOP的背后是科学的分析、教育训练、同仁认同和奖励系统。实际上，SOP在王品的管辖范围远超出食材。王品的服务生会在客人

"光临或离开时,不会让客人的手碰到门把","入座1分钟内,俯身15度送上冰水,手持玻璃杯肚下方杯脚处。将冰水送至餐刀右上方,距餐刀3厘米处","1分钟内送上菜单","点餐后3分钟,送上热面包","生菜色拉每根蔬菜长度17厘米,宽1厘米,误差只能有0.1厘米","水杯的水少于一半时,1分钟内就加水"。

王品为什么需要这么详细的SOP?原来,王品早就意识到:如果餐饮店只开一家,那几乎没什么门槛。餐饮业的门槛是在开出七家店之后。若要保持七家店的品质,都与第一家店一模一样,那么在人才培养、制度设计、供应链保障、服务质量等方面的难度,甚至会比一些科技企业还要高。

其中,最为直接的是标准化对于品牌复制能力的作用。王品经历了十分痛苦的一个过程,才学到这个经验。因为缺乏复制能力,王品曾经不得不一一砍掉自己的枝叶,聚焦在王品牛排。

王品牛排在成立的第三年,已经开出了七家店。当时王品的发展劲头似乎有些消退,陷入连锁业的"七家店魔咒"。曾担任麦当劳训练部门总监的张胜乡在那时加入王品。按照他的第一印象,王品的"工作意愿很强,但组织能力却不足"。工作意愿强,是因为激励机制到位;组织能力不足,则是因为缺乏管理制度。王品牛排当时只有店面清洁和顾客服务流程两本薄薄的工作手册!要知道,麦当劳一套标准化作业流程可以适用全球一万多家店。

实际上,餐饮业做不大的一个缘由,就是缺乏标准化。餐饮业卖的不只是食物，更是一种"体验"。但菜肴和服务，可能因厨师和服务员的不同而改变；即使同一个服务人员，不同的心情和环境，也会产生落差，很难达到一致。所以，餐饮业需要的标准化要求比制造业大批量生产所需的更复杂。也正是因为如此，餐饮业常见零星几家风格独具的"名店"，却难以复制服务与菜肴，产生规模经济。多数餐饮连锁，往往在营业额还没做到 400 万元，就开始授权加盟，最终却因为人员流动率高，累积经验不足，无法处理加盟店遇到的经营问题等，滑向失败。

只有建立完善的管理制度，才能确保服务和菜肴的品质，未来才能走得长远。中常会达成共识后，王品开始进行一连串的改革。首先是模仿军队的做法，把店面分为排班（有士兵）、训练（有教练）、维修（有枪械）、订货（有子弹）、接待（有侦察）五组，厨艺则也分成排班、训练、维修、订货和食品安全五组。

接下来，是研究和学习先进公司的标准和规范。麦当劳连拖地都有标准：只能左右移动拖把，不可前后方向拖地。为什么？因为店员左右拖靠视线余光，能注意并避免绊倒顾客；若前后拖，则存在往后退撞倒顾客的可能。麦当劳点餐柜台的供餐流程为什么要团队协力完成，一人接受顾客点餐收银，一人协助备齐的餐食？因为这能避免顾客点完餐，眼睛非得直视柜台人员转身取餐的屁股。

为了化解工作规范在推动时遭遇的阻力，王品制订 SOP 的过程不是"由上到下"，而是"由下到上"。每一条内容，都由基层同仁和店长讨论得出。第一线工作者最了解实际操作的过程，唯有他们从心里认同，执行才能落地。否则，规定再多，也只是形同虚设。

细节的制订过程，历经了相当长的辩论。有位洗碗的阿姨获知自己受邀制订"洗碗"标准流程时，紧张地推辞。王品却坚持："这得尊重你的意见。你才是执行的人。"另一次，一位男主厨长发披肩，不愿意修剪。王品就告诉对方："以后，头发没你这么长的厨师，你就不准用，否则大家都不一样，怎能叫连锁店。"这位大厨抗辩说："我以前在意大利工作时一直是这样！""好！那由你来定标准。"隔天，主厨剃了个大光头以示抗议，但从此以身作则，不再蓄长发。甚至是电话铃响应该是三声、五声、还是七声接起来，由于没有共识，最后也投票表决。SOP的精神就在于共识。大家认同了，就会发自内心地真诚去执行。

为了研究、制定和实施标准化作业，王品整整有一年时间，完全停止开新分店。王品把门店分成大厅、厨房及吧台这三个区域，每个区域又分为多个工作站。以大厅来说，从领位、送水、点餐、上餐、撤餐到结账离开，厨房和大厅各有近20个工作站。相应开发的SOP训练手册多达45本，本本都超过140页。针对大陆因地域差异而导致的原材料差异和消费习惯差异，王品还出台了具有区域差别的菜品制作SOP。如今，王品的每一道菜都有一个对应的SOP，并以图像化和视频化的形式呈现，成为一个标准课程。每个区域设专案主厨和行政主厨，专门巡视和检视各门店的菜品是否符合标准。

有了这些 SOP，无论同仁人数是五百人，还是五千人，王品都能确保食物和服务品质维持一致、不走调。无论是一家店，还是一百家店，王品都可以确保迅速复制，做到展店无忧！

在这三"哇"的背后,王品同仁的每一项刻苦训练,每一分用心累积,都是为了给顾客提供最棒的服务!

蛹化成蝶五部曲

标准作业流程无疑为王品的快速发展打下了重要基础。但它也有个缺点,就是可以"服务",但无法"款待"。款待是互动的,如果客人有特殊需求,服务生需要应变。

好在掌握了扎马步,学习招式变化不会太难。王品的"化蝶五部曲"以标准作业流程作为基础的"缓板",继而演奏出慢板、平板、快板、急板,强化更周到的现场服务技巧,以顾客的期望为出发,根据不同的需求,提供不同的服务。

缓板,标准化的一般服务。通过标准化的服务用语、领位、递送餐食、桌面摆设等,让每位顾客都能享受到一致的服务品质。

慢板,特殊用餐目的满足服务。每桌顾客的用餐目的、需求不同,对于过生日的顾客,可赠送蛋糕、点心等;对于庆祝结婚纪念日的顾客,可为其拍照,并制作"结婚纪念桌卡",做到"不同用餐目的,不同的服务"。

平板,个人化的贴心服务。点同样套餐的客人,彼此之间也会有差异，例如老人和小孩吃的牛排要嫩一点，男女的偏好口味可能也会不相同。

快板，关键时刻的感动服务。即使同一位顾客，在不同时段也会有不同需求。例如，客人刚入座时一定很饿，上餐速度要快；等客人吃得半饱，可能就会想聊聊天。如果客人有兴趣，可以为他们介绍一下品牌的由来之类。

急板，创新、创意印象的嵌入服务。顾客是否会再度光临，要看每次的体验是否留下美好的记忆。服务必须是活的，要能融入生活，又要创新灵活。

"化蝶五部曲"是标准化作业的升华，要流畅弹奏并不容易，达到悦耳动听更是得用"心"。因此，若是你来到王品旗下的任何一家分店，忍不住发出王品人最爱的"三哇"：上菜时"哇，这么好吃！"用餐时"哇，这么贴心！"埋单时"哇，这么超值！"你或许能体会到，在这三"哇"的背后，王品同仁的每一项刻苦训练，每一分用心累积，都是为了给顾客提供最棒的服务！

王品
你没有全尝到

打造企业永动机

> 身边的小故事胜过课堂上的大道理。把它们讲给大家听，既是在砥砺诸位同仁不断努力，也是在为当事同仁鼓响掌声。

为同仁的感动服务喝彩

王品（中国）总管理处，有一本厚达两百多页的文件夹，封面上写着"感动故事"。翻开封页，几段文字映入眼帘。

2011年元旦刚过，西堤牛排上海一家分店接到一个订位电话。这位年轻的先生想订2月14日情人节的餐位，因为客满，只好把时间提前了两天。

"当天您是否要特别庆祝什么？"订位服务生按照标准作业流程询问。

"我打算向女朋友求婚。"这位先生说。

这句话记录在工作日志上，被值班接待看见。"早就希望向王品牛排店学习，创造顾客感动，我们能不能给这位幸福的姑娘一个值得珍藏的回忆？"

那天晚上，餐厅看起来与往日并无异样，但服务生已经悄悄关照其他顾客："等一会有位客人要向女友求婚。如果有打扰，还请见

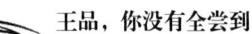

谅噢!"

上最后一道甜点时,戏码来了。《今天你要嫁给我》的优美旋律深情地响起,两位美女服务生缓步走上前,手托一个罩着银盖子的托盘,后面齐步还跟着三对男女服务生。

这是西堤第一次帮客人求婚。同仁们提前演练过多次,每个人心里却在紧张地期待……

托盘一掀开,灯光旋即暗下,一颗钻戒在红绒布的映衬下,闪闪发光。

男主角摘起钻戒,单膝跪地。"你愿意嫁给我吗?"女主角当场掩面飙泪!

所有的顾客都被感动。一起拍手大喊"嫁给他!嫁给他!嫁给他!"热闹的画面,当晚就成为微博上的热门分享话题。

晚上七点多,一对年轻夫妻带着不满周岁的宝宝正在王品牛排店用餐。菜色才上到一半,婴儿突然哇哇哭了起来,怎么哄都停不住。

"宝宝可能是肚子饿了!"

"可是,我忘记带奶粉……"

时间在一分一秒地过去,宝贝的哭声渐渐变成了嘶声。

服务生你看我、我看你,各个都傻住:"附近没有地方卖奶粉,跑得更远些买回奶粉,来回至少要半个小时,照现在的样子下去,宝宝岂不要哭得精疲力竭!"

"我有办法！"副店长突然插了一句话。她转身走进厨房，再出来时，手上竟然多了一瓶母乳！

原来，副店长刚修完四个月的产假，自己的宝宝还没有断奶。她每天利用上班空歇，把母乳挤进瓶里，用冰箱存好，晚上再带回去给宝宝喝。紧急关头，这些母乳派上了大用场。

乳汁一到嘴，小宝宝的哭声戛然而止，满足地抱着奶瓶猛吸。小夫妻高兴地"谢谢"再"谢谢"，再也说不出别的话。

北京冬天的一个中午，外面的气温滴水成冰，王品牛排工体北店里却温暖如春。突然，一声婴儿的啼哭让店里的气氛陡然紧张起来。东海赶到B4，第一眼看到的是襁褓中紫红色的小脸。母亲的衣服上、沙发上全是小宝宝的便溺。年轻的母亲正忙着擦拭着沙发，旁边剩下一个空空的婴儿纸尿裤袋子。

东海明白出了什么状况，赶紧抽出纸巾帮着擦拭："王姐，我来！"年轻的母亲有些尴尬："宝贝突然拉肚子了，今天出来带的纸尿裤都用完了，唉……"

"您千万别着急，我去找人再取些纸巾来。"东海有些无奈，因为他知道附近根本没有卖婴儿用品的商店。

小baby又哭了起来，用整个生命的力量表达着痛苦，拨动了每个人心中那根最细弱的弦。

一场和时间的赛跑开始了。东海和蕊蕊请示值班后，来不及换件冬衣就冲出门，分头朝两个方向跑去。"您这儿有纸尿裤卖吗？""没有。"……身着单薄燕尾服的东海连问了四家超市，都说没有，脸色冻得发青的他只好失望地折返。

东海刚刚回店坐下缓口气。"我……买……到……"穿着薄薄丝袜的蕊蕊抱着一袋纸尿裤从另一头跑来。这位面色黑黑的小女生鼻尖泛着红光，眼角闪着红晕，被冻得连一句完整话都说不清。

换上纸尿裤的孩子笑了。也许是感受到哥哥姐姐对他无微不至的关心。她的笑容是那么甜美，仿佛就是这个冬天最灿烂的一道阳光。

大润发内地的一位高阶主管，每周都带着太太惠顾王品牛排。每次点菜时，一道白巧克力慕斯是他的必选。

这一天，服务生双手送上菜单。"咦，白巧克力慕斯怎么没了呢？"发现自己最喜爱的菜色突然不见了，这位主管忍不住询问服务生。

"这次换菜色时，把它们取消了！"原来，王品每一季都会推出新菜色，新菜色一出，老菜色也就让出了位置。

"喔。"客人不再说什么，脸上浮出一丝失望。

这一幕被店长陈伟看在眼里。他略加思考，决定采购小份的白巧克力慕斯原料，等候这位客人的再次光临。

隔了一周，客人上门。陈伟趋前欢迎，亲自领位。等待两位客人入座后，他询问道："您今天还是最想吃白巧克力慕斯吗？我们可以特别为您制作!"

客人喜出望外,欣然接受。

隔了一周,客人再次前来。不只是带着太太,还带着十几位部属!

触动人心弦的故事,几乎每天都在王品的餐厅中发生。有心的人力资源部把这些故事收集起来,整理成册,再与大家分享。身边的小故事胜过课堂上的大道理。把它们讲给大家听,既是在砥砺诸位同仁不断努力,也是在为当事同仁鼓响掌声。

> 要想得到，首先要学习放弃。否则
> 就会连最重要的根本，都一起失去。

海豚经济学

每个去香港海洋公园游玩的人，都难忘那里的"海豚跳火圈"表演。在驯兽师的指挥下，海豚们一次又一次奋力跳跃，穿过燃烧的火圈，赢得观众的阵阵掌声。每次完美跳跃后，驯兽师立刻递上美味的鲜鱼，这是海豚愿意克服障碍穿越火圈的最大诱因。如果海豚跳过火圈后，驯兽师跟它说，你只要每次都做得好，到年底奖赏你1 000条鲜鱼，海豚必定不会继续跳。它一定会选择罢工！

"鱼性"如此，"人性"也一样！人人都希望回馈能来得更早些。古人说"赏不逾时"，含义是激励要立即执行。嗑瓜子为什么能永不停歇地一直嗑下去？就是因为每时每刻都能够得到回报。倘若给一堆瓜子，规定嗑两个小时后才能吃仁，恐怕谁都坚持不了。管理者在激励同仁时除了要适当，还要及时，一刻都不能迟。当人们快速得到合理的回报，对于管理者产生了信任，工作起来就更有干劲。如果对同仁业绩的承认总要等到年底，同仁可能早就没有了精神，因为他们感觉到没有人在关注他们的努力。及时的激励就如趁热打铁，所费的力气最少，造成的效果却最佳。受到海豚的启发，王品设计了"实时奖励、立即分享"的分红制度。

在台湾股票上市之前，王品成立的每一家分店都是一家新公司。店长、主厨以上的主管，包括区经理、总公司的协理、执行长、董事长都依比率认股，基层同仁也是股东。分店一旦开始赚钱，所有出资者立即依持股比率分红。通过这样的激励政策，王品造就了一大批年收入百万新台币的店长和主厨，超过千万的也大有人在。一时间，店长成为集团内最"抢手"的位子，副店长们排队等着当店长！

让店长成为老板，恐怕比拟定什么制度都更有效。在同仁心中，原本只是"受薪阶级"的认知自动转换，店长变成"店里的董事长"。公司无须要求店长要有责任感，他们也会早出晚归、认真自发地工作；公司也不用担心成本管控不当，因为店长和公司一样关心钱是否花在刀口上。制度只能规范最基本的东西，却做不到追求高标准。当了老板，店长就会自然会对自己提要求，店长甚至比董事长还要认真！正如制度设计者希望的那样，王品的店长将店铺当成自己的"企业"，以至于一位高管在巡店时，要嘱咐店长不要为了省电费而少开灯。

同样的道理，为了提升业绩，店长也会重视领导力，主动了解所属同仁的需要，好让大家都能在自己店里安稳、开心地工作。人事的稳定是维持服务水准，业绩长红的关键！下班之后，店长会不时邀约店内同仁一起去吃宵夜，联络感情。他们常常开玩笑说："当了店内董事长，最大收获就是一颗圆滚滚的啤酒肚！"

2012年初股票在台湾上市之后，王品在台湾开始规划同仁的"持股信托"：所有同仁每月最高可以计提3％的薪资来认购王品的股份，并且公司按照同仁计提的金额再拨付10倍给同仁支持其认股计划。

虽然为了满足股票公开上市的要求，集团的股权制度和奖励制度有所修正和调整，但"即时奖励、立刻分享"的原则却从来没有变过。王品所有全职同仁都可以参与月底盈利的分成，每月结算，不必等一年、半年或一季。在最初，公司每个月的利润，拿出33％在下个月分掉。这种方法颇有些王品早先的影子。那时，王品的创业伙伴们正在满怀激情地做着游乐园的生意，每天都收进几百万台币现金。关门打烊后，三位创业伙伴像分金银的绿林好汉一样，将钱分成差不多的三堆，一人分一堆，再从自己那一堆里拿出五分之一分给同仁。在营业额最高的春节期间，同仁下班时每人一个装着现金的塑料袋，回家后的第一件事情就是数钱。即时分享的结果是人人工作热情高涨。但是，这种做法也有不好的地方，因为没有余钱调度和周转，这种做法在金融危机时期一度让公司陷入窘境。从那以后，王品每月从利润中也提取一定比例作为安全基金，以备不时之需。

高比例分成和即时的奖励，意味着大股东和公司的整体收益可能被摊薄。王品台湾现在几乎实现了全员分红，作为创始股东的几位拥有的股份因此一再稀释，从最初的75％降到2012年上市前的30％。

由于与台湾公司的治理结构不同，王品大陆按照薪资比例，上从店长，下到所有基层同仁，包括洗碗的阿姨，所有人一起分享营业额的 3％，作为业绩奖金，即店铺每天营业额有 1 万元，王品就拿出 300 元分给所有同仁。

大家一起出海钓鱼，不是钓满满的一鱼篓才最快乐，而是大家都一样多的时候最快乐，因为如果你钓得满满一篓，其他朋友却只有二三尾，同行的朋友不开心，你也快乐不起来。让人人都能分享收益，就像是一起去钓鱼，并让人人都有鱼。一家公司的成就，是所有人努力的结果，最后也是被共同分享，这家公司才能被大家认同。

公司人事稳定，管理自然就容易，服务品质也会上去。对餐饮服务业而言，最重要的是稳定的人事，尤其是基层同仁，如果流动率太高，服务品质便难以保障。端盘子、擦桌子、领位置、下单子这些工作，看似简单，却大有学问。要做到标准不走样，甚至更进一步，令人感动，绝不容易。没有时间的历练，哪里会有灵动的火候？

多数同仁需要以薪换心。尽管许多调查显示，收入作为激励因素，总是被排在尾巴的位置，比不上自我挑战、工作意义、发展机会、培训学习。但实际上，所有这些明星因素发挥作用都有一个重要前提，那就是令人满意的薪水。拿破仑曾经说，金钱买不来勇敢。但为了保持部队的士气，他还是慷慨地用物质犒赏来保持部队的士气。

公司的成本优势从来就不是建立在低工资的基础上。如果一家公司愿意支付富有竞争力的薪水，那么这家公司就能在同仁努力工作的基础上建立竞争优势。在王品创造的众多奇迹中，公司 5％的离职率始终被业内外称奇。其实，如果将基层同仁去除，只计算店长、主厨以及高管，那么离职率尚不及1%。在外界看来，这个数字几乎不可思议，但这正是王品的服务始终能维持稳定水准，令顾客津津称道的原因。

> 如果仅仅因为别人知道你的账目，你就失去了竞争力，那么你根本就不具备竞争力。

人人能看到的账本

在公司中，查阅门店运营收入往往是极少数高阶管理者的专利。门店运营好坏，往往是一个秘密。但在王品，每家分店的收入、支出、盈余，甚至公司在银行存款金额，都发布到内网，只要同仁愿意，就能过一把财务总监的瘾。

十几年前，当王品提出要打破诸多企业眼中的这个禁忌，有人立即跳出来说："不可以！会天下大乱的！"但事实是，私守秘密才会人心不齐。只要做到了公平、公正，就不怕公开。透明有助提升经营效率。一旦把运营情况都摊在阳光下，负责考核的人就只有力求公平，不敢乱来或别有私心。与其让人们互相猜忌，浪费时间，倒不如完全透明。倡导透明的文化，投机取巧就失去了生存的空间。财务公开之后，同仁就会明白，每一次加薪和奖励都有凭有据。想拿到更多的钱，那就要工作多做一点。自己的奖金和薪酬是自己的努力换来的，而非某一主管所施予的恩惠，因此可以理直气壮地享受，不用讨好主管或董事长。为了避免产生效忠个人的负面暗示，王品甚至规定，奖金不能由主管以现金红包当面赠予，一定要采取汇款方式转入同仁账户。

王品每家店的营业利润会提拨固定比例分给同仁。每位同仁都可以在网上看到公司当月账目，知道自己的奖金将领到多少。账目不公开，同仁就会胡思乱想："老板不肯公开，肯定赚得盆满钵满，我每个月累的快趴下，酬劳却只拿一点点。"如果让同仁们知道每个月的盈余，看清公司的钱是如何赚来的，自己的表现又能如何影响公司，他们怎么会不关注提高产出，撸起袖子加油干！

做不到信息共享，同仁只会对企业的真实状况稀里糊涂。如果同仁认为企业有一座吃不完的金山，那么他们肯定不会去考虑控制成本。有了股权分享和财务公开，同仁的心态彻底扭转。过去觉得"没关系，反正是花公司的钱"，现在却认为"这个月省下来，下个月就可以分红"。当同仁真正觉得"公司也是我的"，不但向心力更强，节省成本和服务顾客的动力也随之大增。把财务交给同仁去管理，同仁就会帮着一分一毫紧盯成本，找出获利的方法。如果发现自家店的利润比别人少了2％，一定会赶紧逐项商品做比较，找出是圆珠笔买贵了，还是垃圾袋的采购价格比较高。

对于店长而言，财务的信息的公开，既是一个动力，也是一个压力。

公开是一种即时反馈。在运动场上，百米短跑赛手需要知道裁判公布的成绩，跳高运动员需要知道有谁跳得比自己更高。如果没有公开，人们就不知掉自己的成绩是好是坏，跑 9 秒 58 的找不到世界第一的感觉，跑第二的更会迷失奋斗的目标。

公开也是一种督促。当店里的同仁发现别家店有十万元可以分红，自己却只有五万元，难保他不会觉得"跟错了人"！有了一双双眼睛期盼着，王品的店长变得更自觉，哪里还有动歪脑筋功夫，心里只想着用劲带着店里同仁往前冲。

有人曾经问王品的股东："人人都可以获得财务信息，难道不怕公司的核心机密泄露？"他们的回答是，如果仅仅因为别人知道你的账目，你就失去了竞争优势，那么你根本就不具备竞争优势。

王品希望成为一家没有秘密的公司。为了鼓励同仁充分利用公开的财务信息，王品甚至规定，晋升的条件之一就是能读懂公司的资产负债表。与此同时，王品尽量简化财务报表，做到每家分店都有一份"简单到跟家庭记账一样"的报表，让原本使人头痛的数字变得不再那么难懂。

王品
你没有全尝到

把公司交给客人监督

让每一位顾客成为回头客，才是保持长久经营的重点。

六百里送句 "对不起"

2009年7月，一个高温日，王品牛排上海一家门店店长阿文，大汗淋漓地在赶路，目的地是苏北盐城。阿文提着礼品辛苦奔波，既不是去拜访丈母娘，也不是探望好友，而是在执行一件极其重要的公司任务。

从交通车下来已是傍晚时分，阿文摸清东南西北，一路沿着门牌找过去。"29号……31号……咦，这家门口怎么站着一队人？"看见列队成员个个背着红绶带，阿文猜想是商家在搞活动，打算快步绕过去，却发现手中的地址指的正是这里！犹疑之际，一位西装革履的中年先生快步迎了出来。"您是阿文吧！"阿文刚点头承应，手就被对方紧紧一把抓住。"王品的老师到啦！"阿文一时丈二和尚摸不着头脑："我是前来道歉的！怎么成了老师？"

事情得从两天前说起。这位中年先生来上海出差办事，邀朋友一起去王品牛排店用餐小叙。那天客人比较多，隔壁一桌正在庆生，气氛虽然欢乐，却影响到了他和朋友的交谈。这位客人觉得不太称心，看见店家留有400热线，就在返回家的途中拨过去，抱怨了一番。

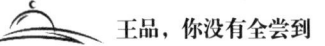

还没到家,他便接到了一个电话。对方称自己是王品牛排餐厅店长阿文,为下午的服务不周表示歉意,并请教客人的地址,说一定要上门拜访。

这位客人一时沉默不语,过了一会,一字一顿地反问:"你/确/定/要/上/门/道/歉/?"

"是的,我希望能代表全店向您当面表达歉意。"阿文诚恳地说。

"要是我不住在上海,你也来吗?"

"来!您能告诉地址吗?"听筒里传来干脆的声音。

"嗯。我在苏北盐城的……"

结束通话后,这位客人仍将信将疑。其实接到道歉电话,他胸口的闷气已经消了大半。至于对方口口声声说要来当面致歉,他打心底里不相信。路费成本不用说,还要加上一天来回的人工成本。登门道歉?为了挽回一个客人,成本也太高了吧!不过,你说了这话,我倒是要看看你是不是言出必行。

谁知店长阿文真的出发了。抵达盐城后,阿文致电这位客人,再次确认地址。接到电话那一刻,这位客人心里五味杂陈。巧合的是,这位客人也是开餐馆的,因此,在感叹之余,他的第一反应是,要好好向同行学习,因此立刻组织店里的服务生列队欢迎阿文,希望通过这件事让自己的员工也能体悟什么叫做"顾客就是上帝"。

王品早就明确,如果有顾客拨打王品的400热线进行抱怨,王品旗下的店长必定会登门道歉,诚恳地邀请顾客来餐厅再次体验,以弥补过错。遇到重大的错误，总经理也得亲自前往"赔不是"。

有位客人打算在王品牛排店求婚，提前一天悄悄捧来一束玫瑰花，希望服务生在恰当的时刻送上来。第二天，不知哪个环节出了问题，服务生竟然把花束送到了隔壁的一桌。整个餐厅的同仁顿时都傻了眼，当事人更是肺都气炸。

重大问题出现，王品道歉流程立刻启动。三天内，事业部负责人携店长亲自带礼物登门拜访道歉，并邀请男女主角与双方家长再来用餐，餐费则由总经理个人掏腰包。

大多数情况下，客人们都非常豁达。看见王品同仁奔波大半个城市，顶风冒雨拎着礼品站在门口，满腔的怨气也就烟消云散。

有一次，一场婚宴预定在王品牛排深南店举行，却由于倾盆大雨，近三分之一的宾客迟迟无法到齐，新郎新娘只好临时将婚宴的开始时间从谈好的五点延迟到六点。这下子，店内的餐位安排计划全乱了套。服务生赶紧到门口向排队等位的客人说明情况。可是，还有一位订六点半的客人怎么办？

果然，一个电话打了进来："你好，我原本订了六点半的位置，打算看七点半的电影，却等到七点也没能用餐。今天实在有些扫兴！"接电话的小妹赶紧连声不迭地道歉。看见店长正忙着照顾婚宴客人，无法脱身，小妹决定替店长去向客人当面表达歉意。从厨房取了一些精致的点心和浓汤装好后，小妹来不及披件雨衣，直接奔向客人电话中提到的影院。

"李小姐……今天……真的……非常抱歉……请您……一定再来,给予……我们……弥补……的机会。"看到小妹气喘吁吁地跑来,手里拎着热乎乎的餐盒,脑门上的水珠不知是汗还是雨,刚到影院门口的客人早就把怨气抛在了脑后:"别急!先喘口气!我一定再来!"

王品把客人当作恩人,把每位顾客的到来视为恩赐。王品深知,消费者现在拥有的选择无穷无尽,如果觉得不满意,客人立刻会拔脚去另一个地方。餐厅可以通过开发新颖的菜式,推出特色营销活动等来吸引新顾客。但是,留住客源,让每一位顾客成为回头客,才是保持长久经营的重点。

> 若有任何不愉快的感觉，虽然不一定是王品的原因，但它一定是王品的责任，必须尽全力排除。

不满意，就重新再上一份

王品旗下的所有分店都有一个不成文的规矩：任何菜肴，哪怕是主菜，吃到最后一口，只要顾客不满意，就可以重新再换一份。

如果客人桌上的菜留下了三分之二，王品的服务生会主动过去询问是否不合口味。如果觉得牛排烤得太熟，就再出一份牛排。如果觉得巧克力拉瓦太甜，就询问是否换上一份提拉米苏。无论是主菜还是甜点，吃到最后一口也能换！

"王品的政策过分慷慨！""如果是前来捣乱的怎么办？""不查证一下合理性就道歉、补偿，怎么会是最优方案？"然而，在王品看来，不管是何种情况，判断谁对谁错都不重要。企业唯有给予顾客充分的信任，顾客才会用信任回报企业。没有哪个顾客喜欢被怀疑，受到不信任。你或许能够找到避免上当的办法，但真诚的顾客也将离你而去。

与其花精力去证明顾客的不诚实，不如把客人放在心中的第一位，去努力发现和满足顾客的需要。看到客人脸色犹豫，立即上前去关心，很多状况或抱怨都可以消弭于无形，甚至因为你的细心诚意，转危为机。例如，发现客人对带小孩隔壁桌的吵闹声皱起眉头，同仁就会立即调整座位，让客人静静地享受一顿晚餐。发现客人用餐时不便照顾孩子，同仁就会主动去看护小孩，陪着小孩玩。

有一次，一位客人用餐到一半，服务生就送上甜点兑换券。因为他预测到，厨房可能会因故晚十分钟上菜，所以在客人抱怨之前，先行把"火"灭掉。还有一次，整条街突然停电。王品向正在用餐的顾客说明情况，并询问他们是否愿意"改为"烛光晚餐，并且当日美食免单。曾有一位顾客反映，餐厅外面修马路正在施工，声音太吵，令他感觉烦躁。服务人员立即致歉，并以小礼物赠送，希望能让客人心情舒畅一些。事后，王品实施改进措施。若店外有施工，顾客来电预约或走进餐厅准备用餐时，店内同仁会先行说明情况，提醒客人，让他们决定是继续用餐，还是改天再来。

有人觉得，门店外市政施工或者区域性停电，不是餐厅造成的，属于不可抗力，关餐厅什么事？

但是，在王品看来，没有问题客户，只有客户问题。只要客人进入王品餐厅，各位同仁就要为客人的整个用餐环境负责，提供最贴心的服务，让客人尽兴享用。

若有任何不愉快的感觉，虽然不一定是王品的原因，但它一定是王品的责任，必须尽全力排除。

若非如此，就算不上是王品的服务！

> 如果顾客有意见，就应该创造便利让顾客把意见充分表达出来。从这个意义上说，王品追求的是顾客意见的最大化。

顾客意见最大化

不少客人觉得很惊讶，王品的服务怎么会那么周到又细致？除了鼓励同仁的用心，王品发现顾客需求的另一个"法宝"是顾客建议卡。客人用过两道餐之后，王品的服务生会送来顾客建议卡，感谢顾客光临，并征询客人是否愿意协助填写"顾客满意调查表"。

很多餐厅都设置了顾客建议卡或意见簿。但是，大多数的建议卡都放在不起眼的角落，或用绳子漫不经心地吊在结账柜台前，给人的感觉是一个摆设。顾客觉得不会有人去看自己写的意见，看了也不会真的去处理或改进，因此谁都懒得提笔。即使用餐不满意，也是抱着少添麻烦，少动怒的心态，发动"忍功"。客人下决心以后再也不来，哪里还会想到给餐厅反映问题。

让顾客觉得是自找麻烦，的确是一个降低顾客的抱怨率"好办法"。但是，这种做法无异于鸵鸟把头埋进沙子，离被"吃掉"的日子已经不太远。如果顾客有意见，就应该创造便利让顾客把意见充分表达出来。从这个意义上说，王品追求的是顾客意见的最大化。

顾客意见卡的填写并非是客人的义务。唯有顾客感受到公司的诚意，他们才愿意表达自己真实的用餐体验：他到底满不满意，为什么不满意，进而为提升服务质量提出更好的意见。王品的许多服务改善，就是来自建议卡。

一张意见卡上抱怨："隔壁桌的庆生实在太吵了。"王品就在工作手册中写道："领位时，两人以下的顾客尽量跟家庭或团体聚餐者分开。"一张意见卡上写道，"我不希望女服务生一直跟我男朋友讲话。"中常会便开会讨论，定下规矩："女服务生尽量与女顾客互动，除非征得女性顾客同意，否则不要频繁与其男伴交谈。"有人不高兴地说："我才四十岁不到，而且未婚，怎么可以称呼我'阿姨'？"工作手册中于是再添加一笔："招呼客人时，称谓要比实际年龄小一些。"

顾客意见卡上的填写内容，不仅包括针对餐厅本身的环境、服务、菜式等方面的评价，还包括消费目的、从事行业、生日、结婚纪念日、联系方式等顾客自身的基本信息。因此，从这张小卡片所能获知的不仅仅是当下一餐的满意度。意见卡回收以后，工作人员会在限定时间内把有关信息录入数据库，接下来，市场分析部门要对这些信息加以统计和分析。

每家分店的统计结果都会公布在公司内部系统中。哪一家满意度最高，哪一家最低，各店水平一目了然。人人都有好胜之心。因此，不仅是店长和主厨，包括分店的每一个服务员，都很关心每一餐顾客的满意状况。每餐结束后就急着去看客人给了什么样的成绩，如若不理想便立刻在下一餐改进不足，加倍努力追上来。

新店开张初期客流量往往会暴增，每逢这时，顾客意见卡更是会受到高度关注。王品新店的顾客满意度要达到95分才算及格。这对一个新开业的门店来说，是一个很大的挑战。

到了年初，上一年的顾客意见会被分析汇总成厚达两百多页的《王品红皮书》，其中包括客流走势分析、用餐满意度分析、用餐频率分析、来店原因分析等16大指标，密密麻麻全是数字和表格。这些统计分析，成为集团运营决策的有用依据之一。比如，在王品的数据库内，实名登记（留有姓名、电话）的大陆顾客数已经有240万人，其中，持有王品金卡的会员有8万多人。从客户登记的电话或地址，找出顾客群的地理分布，看看主要来客所属的地域是否有分店，如果没有，那个地区便是深具潜力的开店地点。再比如，公司统计发现有八成左右的客人到王品牛排用餐都是为了庆祝生日、结婚纪念日或者求婚约会，便为这些特殊用餐目设计专门服务：赠送结婚娃娃、玫瑰花等小礼品，与客人一起唱生日歌，用立拍得拍纪念照等。

每一年，王品集团要接待近800万的客人，能收到的有效顾客建议卡大约500万张。这个庞大的资料库，意味着数百万份真实有效的市场调查，是企业经营者的无价之宝！

> 有人掏钱给你，之后又帮助找出缺点，打电话告诉你哪里可以改进……遇到天底下这等好事情，你怎么能傻愣愣地拒绝？

投诉，天使的佳音

"喂，您好，欢迎致电王品服务热线，请问有什么可以帮您？……"

说到顾客服务热线，很多人首先想到的词汇是"抱怨"和"麻烦"。只要电话铃声响起就要皱眉头。可是，王品同仁把400免费顾客服务热线亲切地称为"天使热线"，听筒里传来的意见是"天使的声音"。

不管哪个行业，只要与顾客打交道，就一定会收到各种意见或者不满情绪。既然不可避免，作为企业经营者能够做的就是决定站在什么立场去看待这些意见。如果把客人的投诉和建议，当作是"找麻烦"，自然会带着抵触的情绪去辩解、开脱，不仅起不到沟通的作用，对提升服务品质也毫无帮助。

王品把提意见的声音看成是一种帮助。有人付钱给你，之后又帮助找出缺点，打电话告诉你哪里可以改进……遇到天底下这等好事情，怎么能傻愣愣地拒绝？要知道，专门聘请企业管理顾问去发现问题，要付的咨询费用可不是个小数目！

在中高价位的品牌，例如王品牛排、花隐日式怀石料理，每一位顾客结完账，都会收到一个印有400热线号码的信封，里面装着发票、找零或顾客的信用卡。顾客如果对服务或菜肴不满意，不用上网查找号码，立刻就可以拨打服务热线反映情况。人均100的平价品牌，例如鹅夫人、蜀三味，虽然不提供信封，但桌上的桌牌、菜单、结账单小票上都有400热线号码，一眼就能看见。

客人越刁钻，王品越欢迎。有一位顾客，几乎吃遍了王品牛排在北京的所有分店，几乎每次就餐结束都会拨打王品牛排的400意见专线抱怨，诸如上菜慢了些、汤不够热、柠檬少了一片，或者服务员笑容不够热情。执行长斌哥特地去郑重道歉和拜访，却发现这位顾客是王品的一位铁杆粉丝，经常把公司活动和客户见面的地点选择在王品的餐厅。

挑剔的客户可以让王品受益无穷。因此天使来报佳音，王品一定鼓起一百分的精神去对待。王品为此制定了"三十分钟、三小时、三天、七天"的处理原则。

一旦分店没有及时发现客人的不满意，又或者客人没有在意见卡表达抱怨，导致错失了宝贵的"黄金三十分钟"，那么"天使热线"的成员就得抓紧时间。接线员必须忠实无误地详细记录顾客所说的话，连"啊""喔"等语气组词都一字不漏，并在记录完毕后三十分钟把讯息迅速传送给被投诉的店长、区经理、事业部负责人，以及执行长和董事长。

店长收悉信息以后,必须在三小时内联络到客人电话致歉,在三天内将事情原委了解清楚,提出解决方案,并登门拜访,携带礼物亲致歉意。接着,事业处区经理会在七天内发出致歉函。"危机散去",事件处理完成后,店长必须把事件的来龙去脉写成结案报告,并上传到公司内网,公告给所有分店以供参考,避免再犯。同时,王品总部也会定期将典型案例汇编到服务手册中,把所有负面状况都能转化为正面的累积。如此,个别的惨痛经历,就成了共同的成长财富。

把公司交给客人去监督,为的是让同仁知道维持品质不能靠侥幸。但"上有政策,下有对策",偶尔也会有人不把心思用于挽回影响,而是绞尽脑汁"中途拦截"客人的投诉。

有一位熟客,用餐之后在意见卡上重重地勾上"不满意",却半天没有收到任何反馈。恼怒之下,他打了一通电话来质问,这才知道意见卡"不翼而飞"!店长赶紧找来当事人问话。一番支支吾吾,这位同仁涨红着脸告白:"我把意见卡撕成碎片,扔进了垃圾箱……"

有一位店长把自己的姓名和手机号码刻成图章,醒目地盖在印有400专线号码的信封上,要求收银台在递给客人信封时,务必上一句:"这是我们店长的电话号码,如果有任何服务不周到的地方,尽可以打他的电话。"两个月下来,成功拦截四通电话!

还有一位收银台人员,干脆以"信封用完了"为由不给客人信封。熟悉王品的客人打电话到管理总部来询问:"你们在节约成本吗?最近怎么连信封都没有了?"事情这才曝了光。

三个案子上了中常会,当事的三位同仁统统记大过。

犯下错误必须惩罚,干出成绩要使劲鼓励。如果哪家店在一个月内连一通"天使来电"都没有响起,这家店的同仁就会乐滋滋。他们知道,公司下月就会发给1 000元的奖金,集体再外出活动一次就此有了经费!以每家分店平均每月7 000人次的用餐数,做到一个投诉意见都没有,看似是一个不可能完成的任务。但在王品大陆的门店中,居然约有90%的分店能够拿到这个奖励。

王品
你没有全尝到

用制度解放人性的弱点

> 失去一位人才固然可惜，但是志趣相投，以义相交，更是王品要坚持的标准。

董事长的格子间

参观完王品集团的大陆总部，新加入的同仁嘉敏觉得纳闷。她之前去过一些大公司的总部，每家都是宽敞气派。在她看来，王品总部的环境过于简朴，甚至有些局促，与她知道的公司规模完全不般配。王品是一家年营业额为几十亿人民币的餐饮集团，为什么董事长和执行长的办公室只不过是格子般的一间？

嘉敏心中有些忐忑，一时怀疑自己是否"走错地方"。不过，在人力资源部向新入职同仁介绍王品的"龟毛家族"后，嘉敏的疑惑很快就烟消云散。原来，"龟毛"在台湾方言里意味着"挑剔、认真到令人抓狂"，"龟毛"的王品早就规定："办公室够用就好，不求豪华派头"。与其把钱白白浪费于昂贵的写字楼租金，摆出财大气粗的门脸，不如把赚来的钱用于改善同仁的福利，更好地回馈股东。

勤俭务实是王品倡导的美德。为此，王品不仅对办公场所有所限定，而且要求王品的每位同仁都"不崇尚名贵品牌"，"购车总价不得超过35万元"。

早些年，台湾王品有位副总，得益于分红制度，收入可观，就犒劳自己买了辆奔驰轿车；接着又有一位店长，因为门店坐落于旺市，经营得当，薪资分红高，也买了辆奔驰车。每当公司活动同仁聚会时，这两人就开着豪车出场，引得其他人艳羡不已。

中常会意识到这种消费倾向虽说是私事，却会产生重大影响，于是提出来供大家讨论。依照王品的分红制度和增长速度，股东们人人都具有购买豪车的实力。如果大家都一味追求派头，会不会和王品提倡的务实精神背道而驰？你开奔驰，我买宝马，会不会形成攀比？店长们会不会迷失在物欲之中，不愿去偏僻的店面经营？为了刹住不良的风气，最后定下"新台币100万元以内"（约人民币20万元）的购车价格上限。无论是谁，都要遵守这个规定，董事长、执行长更要带头实行。直到2006年，为了安全因素，并满足同仁家庭对商旅车型的需要，才把购车上限提高到新台币150万元（约人民币35万元）。近些年，物价水准上升快，购车上限或许会有所提升，但是不买豪车的规定却是不变的。

公司有了导向，同仁们也就端正了方向。先前买豪车的两位同仁不再风光，反而常被大家调侃，唯恐自己成为"异端"，赶紧把车换掉。

很多人觉得，办公室大小属于公司的管辖范围内，作出限制还说得过去，对同仁在生活中要怎么消费，怎么享受也要作出规定，是不是管得太宽，会让人受不了？在某些情况下，的确如此。王品曾经想礼聘一位高级人才到公司，但对方认为"赚钱就是为了花，锦衣夜行实在没意思"，无法接受自己生活消费受到限制这个要求，几经沟通还是加盟告吹。失去一位人才固然可惜，但是志趣相投，以义相交，更是王品要坚持的原则。

"思想要深入，生活要简单，才有真正的快乐"。人生的丰满，不在于吃穿用度的派头，而是看是否有充盈的内心和丰富的体验。

如果同仁之间想较量，王品希望他们能去比每个月谁读的书更多，谁取经的餐厅多，谁登上的山川多。追求心灵的满足，比外在的名车华服更有意义。只有降低物质欲望，精神才有机会提升。

> 如果主管懂得割舍自己的利益，满足同仁和组织的收获，许多复杂的问题就会变得简单，许多难以管理的人和事就会变得容易。

习惯假私济公的高管

王品迅速成长为台湾第一大餐饮集团，成功上市，并在大陆一举获得不小成绩。自然而然，王品也受到了越来越多的关注。如今，不仅仅是王品频繁邀请各行各业的大师来讲演，王品人也常常受到邀请，成为外界的演讲嘉宾，与社会分享企业的经营经验。

演讲是一种交流，也是一种学习。每次对外分享后，收获最大的总是自己。因为每一次的分享，都是一次反思：明天要说的，是不是王品取得成就的原因？刚才所说的，自己现在做到多少？经过这样的思考，许多新的行动又被激发出来。

王品支持同仁们去交流，去对外分享，因为演讲能给王品人带来思想的激荡。但是，凡事皆有两面性，过犹不及，物极必反。如果同仁一味地沉迷于外部事务，醉心他人的掌声与赞美，那么就会主客易位，荒废了在公司经营上的努力。

苏格兰作家史蒂文森说：虚荣心很不容易死去；在某些顽固的场合，它甚至比它所依附的人活得更久。为了避免误入歧路，同仁们约定，每个人每个月最多只能有两场演讲，并将这条写入"龟毛家族"，一来个人有个约束指标，二来也给大家一个拒绝邀请的理由。

大家达成的共识是：受邀演讲，绝不是因为自己有多厉害，而是因为庇荫企业大树，依托公司的品牌形象。既然如此，演讲收入不宜放入自己口袋。但是，上交给公司亦不近情理。有人提议，干脆全部用来做公益，捐到儿童福利机构。每年台湾王品中常会成员的演讲至少有200场，按一场演讲费新台币1 000元，一年就可以捐赠新台币20万元！如果演讲组织者赠送礼物，刻上姓名的就只能收下，没刻名字的就转呈管理部，当作年终尾牙的奖品。

私欲不越公界，在王品，没有"吃公家"的习惯，相反，倒经常有高阶主管"假私济公"。

王品事业处负责人以上级别的同仁从来不报销各项费用开支，"吃30店"，国内外出差考察，交通费或宴客接待，通通自掏腰包。若是同仁们出去聚餐、庆生，有职级的也参与其中，那么，其余的同仁就会心无旁骛地享受大餐，因为职级最高的那位则必定会一路小跑地去结账。

作为一家同仁人数过万的企业，给高阶主管配备公务用车，再正常不过。但是，王品却没有购买过任何一台公务用车。所有人的公干用车都自行解决。高阶主管个个都是股东，薪水加上分红，所得比一般同仁多得多，没必要为了一丁点的出行便利，再去消耗全体同仁的劳动成果。若遇公事需要用车外出，大可给自备汽车加满油。

董事长也不例外。陈董事长自掏腰包购买汽车，自掏腰包聘请司机，拥有一辆货真价实的"私家车"。更令人大跌眼镜的是，如果公司同仁因公干需要使用，只要协调好时间，就可以乘着"王品私车一号"去办事。"怎么可能！用单位的公车都要看人的脸色，更何况是老板的私车！"但在陈董事长看来，"车停在库里是一种浪费，分时共享才能物尽其用。"

私心伴随着人类的产生而产生。许多管理者认为，只要不贪污，不受贿，不走后门，就可以称得上没有私心。却未曾想到，作领导久了，公事和私事容易搅在一起。私心藏于无形，不易察觉。往往是，领导者自以为没有问题，徇私的念头却早已埋下祸根。摆位不正，公私混淆，私欲迟早会附身。

《官箴》：吏不畏我严，而畏我廉；民不服我能，而服我公。如果主管懂得割舍自己的利益，满足同仁和组织的收获，许多复杂的问题就会变得简单，许多难以管理的人和事就会变得容易。更重要的是，能得到有真才实干之士的信任和追随。"企业的规模，取决于老板的气度；企业的长久，取决于老板的品德"，道理正是在于此。

> 不做交际应酬,刚开始可能会让人觉得不通世故人情,但长期坚持下来,却能获得对方的信任和尊重。

二十元天条

王品集团筹备湖滨分店的开张,从供应商老蒋手中进了一批杯盘碗盏。王品采购小唐刚参加工作,为人诚恳,一团和气。老蒋心想,这个忘年朋友一定得交上。新年将至,老蒋带了些腌腊制品和几本台历,给小唐送去。小唐却怎么都不肯收。回去后,老蒋琢磨自己没把事情办好,重新买了贵重的烟酒,摸到小唐的住处,恳请对方务必给个面子。

小唐赶紧解释:"不是因为在公司不方便收礼,更不是礼轻看不起;而是公司早就有规定'任何人皆不得接受厂商二十元以上的好处,违者开除'"。小唐笑着说:"蒋哥可别'陷害'我。我被开除了,可就不能跟你做生意!"老蒋吓了一跳:"做生意这么久,还真没遇到过规矩这么严的公司!"

王品的业务人员每天要面对许多厂商,彼此互动,自然会产生私人情谊。这个时候,分寸拿捏、举止有度就显得格外重要。在王品看来,人民币二十元(合台币一百元)是人情世故的上限。与厂商打交

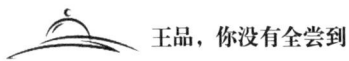

道，请喝一杯茶、一根烟，是通俗礼节，可以接受；收下一罐茶、一包烟，就属于受贿，绝对不可以。因此，二十元礼品是王品坚守的"红线"。一旦触碰，无论是多么优秀、职位多高，有再合理、再正当的理由，当事人必定被开除，绝没有半点通融的余地。

多年前，台湾王品有一位财务部同仁专门跑银行，因此跟银行职员都很熟络。有一次，她去银行办事，恰好一位银行职员旅游归来，正在跟同事分享特产，看见王品同仁进来，也顺手塞了一包牛肉干给她，让她带回办公室给大家吃。

"自己拿，自己拿，银行请客！""什么，银行给的？"同事吓得把手缩了回去。这位同仁又把牛肉干递给另一位同事。对方紧张地摆摆手："不行啊，吃下去会要命的！"这位同仁觉得小题大做，一包牛肉干刚刚超过二十元，大家分一分，每个人就只有几块钱！但大家都不敢吃，她只能悻悻作罢。

有一次，西堤品牌有个会计被派驻大陆地区。往来厂商的一个熟人前来送别。有鉴于王品的二十元天条赫赫有名，厂商人员只买了一朵玫瑰花，聊表心意。收到花的会计，当即请示主管和稽核人员，两人也认为一朵花而已，没什么不妥，便许可她收下。不料，后来有人站出来说，那朵玫瑰花品种高贵，价值至少三十元。

还有某位主管结婚，发了喜帖给三位厂商。尽管知道王品的规定，但厂商担心失礼，于是依照习俗包了礼金。纸包不住火。收取厂商礼金的消息传到公司的时候，新郎还在异乡度蜜月。为避免他与厂商串供，负责调查的高阶主管，跑到机场大厅等候，第一时间查明原委。新郎赶忙解释，当日忙得一团乱，婚礼刚结束就去赶飞机，根本没看礼金簿，真的不是故意收礼。

这些"涉律要案"都上了中常会。经核实无误后，收了牛肉干和厂商结婚礼金的同仁最终被请离开。董事长秘书跑了八家花店，实地调查一朵玫瑰的售价。最后发现，周围其他花店价格的一支玫瑰花都低于二十元。三十元一朵的玫瑰，的确超出了一般的认知。因此，收下玫瑰花的会计人员免于开除，但是和两位主管一起记一次大过。

不只是同仁不收二十元以上的礼物，王品还要求每个和自己有采购关系的厂商都签署"保证书"，表示对不收受回扣做法的认同，一旦违背，就自动解除双方合约关系，断绝生意往来。

"诚实政策回报单"的设计则是出于保护同仁的目的。中秋前，小林收到一条微信："林先生，你好！一份中秋小礼物的安排寄给您和赵总。"小林马上回复：因为公司规定不可收取任何礼物，所以请千万不要寄出，否则我还得安排寄回。非常感谢您的心意，并将转呈赵总。"接着，小林就将此事及时微信告知了自己的上级赵总。一会儿，赵总的回复来了："小林，感谢你第一时间告知我相关的信息，但别忘记填写一张'诚实政策回报单'，分别由我、执行长和董事长签字。"

原来，一旦厂商明示或暗示要送礼，同仁就可以填写这张单子交给主管，以免日后生出麻烦，解释不清。一旦出现问题时，可以用于自我保护。

　　王品对礼金问题是如此重视，同仁们自然不敢懈怠。特别是有过"被迫收礼"经历的，一看见快递包裹就如临大敌。没有人敢轻易签收不明内容的包裹，都是请其他同仁当众拆开。若是礼品，赶紧填一份"诚实政策回报单"，立档为证，再把包裹退回原处，这样才安心。如果礼品无法退还，那就收下礼品，折成现金返还。一位供应商打听到同仁的生日，当天送了一束鲜花。鲜花从花店送出，无法退还。这位同仁没有办法，向花店老板询问鲜花价格后，按原价把钱微信转账到对方账户，并向对方仔细解释公司规定，填写"诚实政策回报单"。

　　己所不欲，勿施于人。同仁不收厂商的礼品，王品也不为了打通某些环节去送礼。王品的报账单中基本没有交际费，若有特殊状况需事先呈报。无论分店开到哪里，王品都坚持入境不随俗，断然不走关系这条路。当官的总是你唱罢后我又登场，宛如走马灯，一旦开了先例，应酬永无止境。与其费心思走旁门，不如花时间去研究法律规章、手续证照、税金缴费。一切清清楚楚，按规照矩，自然就不会授人以柄。靠关系来做事，不仅制造混沌，扶得东来西又倒，往后增生的麻烦，恐怕会更令人手忙脚乱。

　　"不就是打点示好，拉拢彼此的距离吗？干嘛要这么顶真？"许多厂商习惯在礼尚往来中建立关系、在酒桌应酬中加深感情。王品人逢年过节送礼不收，邀吃饭谈生意不去，第一次和王品打交道的厂商常常觉得很意外。

然而，廉正是做人之本，也是经营之道。俗话说，拿人手短，吃人嘴软。一旦接了礼物，受了人情，同仁难保不在工作中放弃公正和公平，要么在价格上额外关照某个厂商，要么对质量标准放低了要求。前者损害大家的利益，后者更是人命关天。

不做交际应酬，刚开始可能会让人觉得不通世故人情，但长期坚持下来，却能获得对方的信任和尊重。实际上，因为不收回扣、以现金交易，厂商最后都喜欢跟王品做生意，一旦有了价廉物美的商品都抢着通知王品。王品的采购成本比业界平均水平低20％！

生意上的来往，只需按照本分将事情做好，无须逢迎送礼，一清二白，反而让彼此双赢。另一方面，王品要维持的是"诚实廉洁"的企业文化。能力欠缺一点可以接受，道德却来不得半点瑕疵，做人和做企业都应如此。

> 不仅开会迟到要罚款，讲话超时也要罚款。道理同上：如果你的讲话超时，就额外占用了别人的时间，自然要补偿给人家。

职位越高，"不得"越多

大陆王品总部的每一位同仁，都要去分店实习体验。因此，王品的客人常常一不留神就享用到王品高阶主管提供的领位、上菜、下单服务。

有一天，一位总监正在分店实习体验。关门打烊后，店长体贴诸位同仁，自己掏钱买来饮料犒劳大伙。劳累了一整天的总监又累又渴，随手也拿起一瓶，拧开盖子就要喝。

"总监，等一下！"听到店长一声大喝，总监一愣，握瓶子的手一时冻结在半空。店长小心翼翼地指指总监手中的饮料瓶，支支吾吾地说："公司规定'上司不得接受下属财物、礼物之赠与'，所以，你好像……不能喝……"总监吓出一身冷汗，暑意顿消。回过神来，万分感谢机敏的店长，让他避免了一次去中常会"喝咖啡"的麻烦。

一般的企业，秉承所谓的"刑不上大夫"，规定只应用于基层同仁，职位越高，自由度越高。王品恰好相反，同仁职位愈高，受到的限制愈大。在王品集团内部，三分之一以上的"不得"是专门为主管设定的。比如，王品宪法明文规定："董事长不得对外做背书或保证"。龟毛家族写道："上司不得接受下属为其所办的庆生活动。""上司不得接受下属财物、礼物之赠与。""上司不得向下属借贷与邀会。""上司禁止向下属推销某一特定候选人。""选举时，董事长不得去投票。""除非是非常优秀的人才，否则勿推荐给你的下属任用。""除非是非常杰出的厂商，否则勿推荐给你的下属采用。"

在王品，凡开会迟到者，一分钟罚款二十元。不管迟到的理由是主观，还是客观，统统得交罚金。即使是飞机、高铁误点，也不能作为挡箭牌。罚款必须当场用现金支付，或者用于购买咖啡、点心，或者请与会同仁聚餐。迟到者的罚金意味着对守时者的奖励，因此执行的过程在王品是欢乐多多。

偏偏职级越高，工作越忙。"哎呀，抱歉，抱歉，上一个客户会议，对方太磨人……""不好意思，刚从分店赶回来……。"总监、中常会的高管们是最容易迟到一群人，所以，在王品交这项"罚款"最多的都是高管。有一次，王品高层召开会议，一位高管全场缺席，并且无人收到他的告假。原来，他根本就记错了日期，忘记了当天有会议。怎么办？按照会议议程上的两个半小时算！1分钟二十元，150分钟的会议整整上缴了3 000元。一下子创下王品内部的罚款记录！

不仅开会迟到要罚款，讲话超时也要罚款。道理同上：如果你的讲话超时，就额外占用了别人的时间，自然要补偿给人家。

中常会成员、董事长也不能例外。在其他公司，董事长发言若是超时，大家有苦言也无处说，只能坐着继续听。但在王品，陈董事长若是发言超时，就会看见与会同仁望着他眯眯笑。"不好，好像要超时！""我就再讲 10 分钟。""没问题。先交 200 元。"负责计时的管理部同仁铁面无私，管你什么职位，一切按照规矩来。陈董事长于是只能乐呵呵地掏钱，抓住话题重点，速战速决。执行长斌哥只要一发言，话就收不住，年年都是发言超时第一名。眼看今年的罚金"第一名"又要被自己拿下，开始向大家讨饶。"我的讲话被你们的提问打断了 10 分钟，多出来的这 10 分钟不应该算在我头上"。管理部同仁可不吃这一套，执法如山。"斌哥，你得交 200 元钱。"看见没有任何人表示"同情"，斌哥只能把手伸向腰包。

细数王品的"宪法"，在王品做高管，实在限制太多，甚至连说话、喝水、行走、开车都要受到"不得"的约束。可是，多年之后，王品同仁们看到，种种这些"不得"却给公司带来越来越多的"得"。源清流洁，本盛木荣。正气上下贯通，公司才能无往而不胜。

> 任人唯亲，关系法则下，最终受到损害的还是企业自身。

不雇近亲，唯留王品一派

中国人喜欢子女后代继承自己的衣钵。大公司这样想，小饭馆也如是做。长辈早早地就安排子女进入家业，一来希望他们得到锻炼，二来帮衬他们拓展人脉。但是在王品，却反其道而行之。没有任何一位高阶主管的子女能得到许可加入王品。

"王品宪法"特别做出规定，"同仁的亲戚禁止进入公司任职"。这意味着所有中高阶主管的父母子女、兄弟姐妹、叔伯阿姨、舅婿姑嫂，全都不能享受家人的创业成果。董事长的子女也概莫能外，连当小时工也不行。

清代名臣林则徐说："子孙若如我，留钱做什么？贤而多财，则损其志，子孙不如我，留钱做什么？愚而多财，益增其祸。"一针见血，发人深思。王品的几位创业者皆是白手起家，在奋斗中体验人生的滋味，身为父母自然不愿剥夺子女"从零开始"的权利。

对于企业来说，王品希望借此建立起真正的专业经理人制度。企业是一个缩小的社会，存在着复杂多样的人际关系。在几何学上三角形是最稳定的，但在人际关系中，三角关系却最复杂。表面上看，亲戚们一起共事，既有亲属关系，又有同仁情谊，应该更加团结和睦。但恰恰相反，这种关系最容易"以私害公"。亲属关系容易把私人感情和生活情绪带到工作中，也容易在同仁之间形成"小团体"，导致相互包庇，共谋私利，影响"大团结"。一旦出现朋党之争，派系林立，高层管理者忙于结网，底层同仁忙于站队，大家心思都花在了办公室政治上，哪里还能用心服务顾客？靠裙带关系才能升迁的企业，有抱负的人才又怎么愿意加入？

下属里有老板或高管的亲戚，也令主管们感到头疼。"皇亲国戚"最难管理。不求上进者，不听劝说，工作请不动，还会引起不良示范。不把上级放在眼中的人，挑战上级权威，更是造成工作场合气氛紧张。主管看见对方有"来头"，投鼠忌器，也只好不管不理。

为了不给主管们添麻烦，任主任级别以上的人员，他/她的四等亲属，王品就一律不再录用。若录用以后发现存在四等亲以内的关系，无论是由于事前不知情，还是故意隐瞒，一方都必须离开公司。

在条例规定之前就进入公司的主管亲戚，不受条例制约，但必须谨言慎行，自我节制。如果是进入公司之后喜结良缘，除了要恭喜二位，还得为他们的工作岗位进行调整，把两人安排到不同的分店或行政单位。在公司里，如果夫妻有一方升到经理以上，另一半的最高职位就只能到店长，不能再往上升，免得在高层会议时夫妇俩一唱一和。

部分出于同样原因，王品也坚决抵制企业内的婚外情。同仁们朝夕相处，互相欣赏的机会颇多，若不设置底线，不小心让感情逾越理智，就可能给工作带来不便。况且，王品视同每位同仁为"家人"，倘若王品同仁之间产生男女婚外情，公司如何向两个家庭交代？倘若婚外情的双方是上下属关系，又如何让团队中的其他同仁觉得自己没有受到不公平对待？

非亲条款，似乎不近人情。放眼古今中外，没有一家公司有如此严苛的规定。但是，任人唯亲，关系法则下，最终受到损害的还是企业自身。王品可能会错失几名具有非凡才干的同仁亲戚，但是人事关系简单化，避免了企业内部的无谓内耗，使得公司内部不再有"陈某某派""李某某派"，唯留"王品一派"。更何况，王品坚信：只要公司本身能创造出吸引人才的环境，人才肯定会源源不绝。王品不当家族企业，却能成为更强大的企业家族。

王品
你没有全尝到

上通下达的管道

> 作为一个优秀的管理者,你不仅要有一个好用的大脑,还要有一双善于倾听的耳朵。

斌哥开办聊天室

"斌哥,这么早就来啦!"刚一进门,洗碗的阿姨就认出了"斌哥"。

"斌哥,今天在这里吃中饭,今天有你爱吃的菜!"

"斌哥,有什么事情,店长、区主管会处理的,你不用亲自跑一趟啦!"

厨房里招呼声音此起彼伏,看见斌哥到来,每个人都感到高兴。

大家口中的"斌哥",正是王品(中国)执行长李森斌。不过,从洗碗阿姨到店里的主厨,都习惯叫他"斌哥"。大家知道,斌哥舟车劳顿出现在分店,是来找大家来聊天的。

斌哥一年中有大半的时间都用在了拜访分店。每来到一家分店,斌哥一定会跟每一位同仁来一个温暖的接触:握握手、拍拍肩膀,个性活泼的,再来一个大大的拥抱!斌哥自己默默统计,一年他要握5 000双手,送给同仁5 000次拥抱。

宾客用餐高峰过后,大家团团坐下,不再做其他事情,开始天南地北地聊天。同仁心里有什么想法，可以和斌哥说。知道什么新鲜事，可以告诉斌哥。斌哥也喜欢回答大家提问。"为什么公司没有交际费""为什么店铺不祭财神、开张不择日？""为什么要有'二十元条款'？""为什么只要顾客不满意，吃到最后一口都可以换新牛排？"一次，聊天气氛热烈，一个问题直接递了过来："斌哥，你的太太在台湾，漫漫长夜，你如何度过？"

从管理的角度，经常去一线转转，的确能发现不少问题。一次年末，斌哥去南京的一家店。未到营业时间，店门还没开，几叠顾客口巾布堆放在桌上。不知是同仁们急着准备，还是疏忽，一块餐布仰天躺在地上，还踩上了一个大脚印。斌哥顿时感到心痛。那一次的聊天主题，就成了"假如自己是顾客，会怎么想？"和"见到类似的情景，我们应该怎么办？"

然而，挑剔同仁这里做得不好，那里有待改进，并非斌哥巡店的主要目的。斌哥聊天室更多地是为了"让同仁能看见我，我也有机会看见他们"。王品相信，如果老总常跟一线同仁聊天，同仁就会觉得老总很有亲和力，有什么事情都可以找他帮忙。如果高阶主管素来神龙见首不见尾，同仁一定有话不敢说。

若同仁对公司有意见或是受到委屈，斌哥还没来怎么办？没关系，王品内部设有电话专线"家人的叮咛"。任何问题都可以通过这条专线向管理总部反应。对于同仁及家属的意见，王品采用对外客服专线的处理模式，三十分钟内，意见要通知到店长、经理、执行长、董事长，三天内店长处理完毕，七天内执行长亲自结案。

管理层高高在上，同仁必然会越离越远。所以，王品的管理层与同仁拍照时抱成一团，工作之余互相开玩笑，经常被外人指责"没大没小"。可是，威信如何能用绷脸来树立？主管又何须摆架子？面对规定，以身作则，面对困难，挺身而出，同仁自然心悦诚服。

现代组织机构复杂庞大，同仁与高层管理者之间环节太多，往往造成信息损耗和失真。一份研究表明，来自管理高层的信息只有20%～25%被下属知道并理解，从下到上的反馈的信息甚至不超过10%。如果消除位差效应，采取平行交流，效率就可以达到90%以上。

以平等为基础的沟通，是最有效的沟通。作为一个优秀的管理者，你不仅要有一个好用的大脑，还要有一双善于倾听的耳朵。只有对下情心中有数，管理者才能做到胸有成竹。帮助同仁安身立命，才能实现真正的价值。

> 萧伯纳说:"你有一种思想,我有一种思想,彼此交换,我们就都拥有了两个。"

上司不听耳语

"三个臭皮匠,顶个诸葛亮。"常用来比喻人多智慧大,大家一起商量,就能找出好办法。实际上,有专家考证,这是一句误传已久的民间俗语。裨将在古代是指副将,这句话原意是三个副将的智慧合起来能顶一个诸葛亮。口口相传中,"裨将"就被说成了"皮匠"。

口头传播不太可靠,以音传音,最后的意思完全走了样。口头传播还带有个人感情色彩。一旦入耳,加上自己的想象,添油加醋,吐出来的话更是变了味。在公司里,如果老总爱听办公室八卦,部属就越爱讲,甚至"借刀杀人",让老总产生成见,错断是非。

公司内部有无耳语,会对同仁的愉快感、安全感产生影响。只有让耳语文化在公司绝迹,才能培养公正、公平、公开的企业文化。因此,一旦有人在和高管闲聊时提到,"那个新来的经理不错,但是……",高管们就会摆出停住的手势,请他别再往下说。王品同仁的考核和晋级,依据的是硬碰硬的数字,高阶管理者们用不着听"小报告"。

高层管理者倚重耳语文化，容易让公司陷入管理的危机。哪些人与高阶主管走的特别近，哪些人能左右"首脑"的决定，同仁多看在眼里。一旦潜规则盛行，公司也就派系横生，四分五裂。专心致志地做好本职工作，自然能获得相应地回报。要让同仁相信这一点，高管就必须严守等距政策，保持互动分际，不跟部属有私交。在王品，中层下属跟高阶主管单独吃饭不可以。否则，就会有人狐假虎威地说，"我昨天跟董事长吃饭，董事长说……"公司出现"老总的人"，绝对会给管理带来无穷贻害。所以，如果想跟高阶主管爬山，嚼舌根，王品会要求你发信息邀请其他同仁一起来，确保跟每个人都保持在安全距离。

同仁有话要说，可以当着大家的面讲，也可以递交正式的报告。每份报告都有编号，人人可以翻阅，讨论。书面交流比起口头汇报更加准确，但文案撰写也比嘴上说说更费事。为了鼓励同仁有话就说，王品索性要求，区经理级别的每月会议，总监级别的每月会议，都安排有专门的议程对提案进行讨论。如果都觉得某个提案不错，这个提案就提交中常会表决。

建议提案包罗万象。王品牛排店看见一些顾客喜欢点红酒，又担心大瓶的红酒喝不完，于是建议提供小支红酒，凸显少而精的特点。西堤牛排店发现来店消费顾客 80 后占比较多，曾建议赠送些 80 后的"经典玩具"作为礼物，让顾客产生更多的情感联系。有一份意见书提醒，新制服虽然质感不错，但是在保暖性方面欠佳，希望考虑补救方案。也有的同仁高呼，物价上涨，尾牙的预算费用也该涨一涨！

萧伯纳说："你有一个苹果，我有一个苹果，彼此交换各有一个苹果；你有一种思想，我有一种思想，彼此交换，我们就都拥有了两个。"通过这样的方式，王品不仅了解了同仁的想法，而且收获了创意。

王品集团在大陆和台湾共开出了400余家店，在大陆已经开出了140余家店，一家店一个建议，每个月就有几百份提案。所有的提案会先送到各区域的会议上讨论，再上由区域经理组成的二代菁英会，最后则经中常会决策是否采纳。通过这样的方法，每年约有500个好建议被实行。这百分之十的比例，正是驱使王品不断进步的成长原动力。同仁的创意是一滴水，日久天长地积累，公司收获的就是一片湖。

对于提案最多的、被采纳最多的、提案最好的店面，到了年终时，王品还会颁发奖状，大张旗鼓地好好表扬一番。比如，有一位同仁发现钢丝球洗碗容易出现钢丝碎屑残留。如果钢丝出现在菜品中，不仅不卫生，还有可能刺伤顾客。于是，他交上提案提出改进意见。最后，经过中常会讨论，决定所有分店改用其他洗碗工具。这个提案经过评选，成为当年的最佳提案。联合会时，董事长在几百位同仁面前亲自颁发专属证书，提案人上台领奖，立时成为全场焦点。王品每年如此大张旗鼓收集提案，组织提案评选，是为了让同仁们都知道，公司建立了正规的意见流通渠道，并高度重视他们的意见。

堵禁和疏导齐下，打小报告在王品就变成了二十一世纪的恐龙，同仁的心思也会朝着正确的方向流动。如果把一家公司比作人体，那么领导者就是心脏，同仁就是身体的每个细胞，沟通就是在血管中流动的血液。血液在心脏的鼓动之下流入每一个细胞，成就一个健康的人体。

无论是奖还是惩,王品都会完整地呈现给全体的同仁。

处罚再小也是天大的事

在王品,赏可以不经过大老板,但要是遇到罚这种事,可就慎之又慎。即使是最底层的同仁犯错,也要经过中常会的审议,才能决定是否实施惩戒。

中常会是王品的最高决策机构。为了避免"强人政治"与"一言堂"的弊病,王品集团从创立之初,便设计了集体领导模式,由此诞生一个灵魂机构——中常会。无论如何忙碌,公司经营高层每月一定要集会一天,召开中常会。20年来,这个会议从未间断。可以说,中常会就是王品集团的经营核心,王品人在这里汇集众人智慧,建立共识,讨论经营方针,筹划发展愿景,集体作出决策。

如果有同仁触犯王品"家法",或者犯下大错,无论中常会有多么忙,需要处理事情再多,都必定会过问。当事人会准备好自白书,并亲临中常会作出陈述。如果地域遥远或者隔着海峡,那么就做视讯联机。之后,对于是否需要"举起大棒",以及惩戒的程度,中常会要实施公开辩论,再经不记名投票拿出最后的结论。

王品刚刚进入大陆时，同仁们发生的新状况层出不穷。华北的同仁相对脾气更为直爽，有时候难免出现些肢体冲突。动粗双方肯定都有错，可是不能一棍子全拍死。还应该搞清楚为什么动手，谁先动手，再给予适当的处罚。还有一位同仁好胜心切，为了争取较好的满意度排名，偷偷地在顾客意见卡上造假，违反了规定。这些案子统统都上了中常会。

惩罚由中常会来过问，对同仁们而言，感觉很不一样。一位同仁说，以前在一家餐厅做，第一天上班打了个盘子，直接被店长炒了鱿鱼。王品这么大的集团，普通同仁的受罚居然要受到最高层的关注。

王品相信，人都有情绪，都有弱点。当事人的主管一人处理，可能会因为身在其中，难免被情绪左右，有可能不分青红皂白地先打上二十杀威棒。涉及公正与合理之事，必须慎之又慎。为了避免意气用事，也为了给同仁辩白的机会，避免只听一面之词，因此再小的处罚在王品也被当作"天大"的事情来处理。

无论是奖还是惩，王品都会完整地呈现给全体的同仁。有人说，是不是应该"扬善于公庭，归过于私室"。但王品认为，罚在私底下实施，固然保全了面子，却有损教育的效果。王品希望，全公司的同仁能经由每一次的事件，去思考什么事情可以做，什么事情不可以碰，什么事情需要鼓励，什么事一定要禁止。最后沉淀的东西，就是王品的共同资产。如果只是老板的个人意志，写在工作手册里，大家很难有所体悟。唯有通过一次又一次的碰撞,才能达成整个团队的共识,打造出企业的文化和价值观。制度不生硬,行为才会自然。

王品
你没有全尝到

创业，可以复制

> 如果不设法让人才有向上流动的空间，王品的同仁总有一天会自己出去打天下。

内部创业育狮王

中国人历来就有宁为鸡首，不为牛尾的精神。如果不设法让人才有向上流动的空间，王品的同仁总有一天会自己出去打天下。这一点，王品的创业伙伴看得很清楚。在成立的最初，王品就极力鼓励内部创业。那时王品的创业注重个人的主导作用。谁主导创建了一个新品牌，谁就是"狮王"，新品牌创立后，就由这位狮王出任这个品牌的总经理。

这种内部创业模式在内部被称为"醒狮计划"，为的是"让每一个人都有机会在公司成为狮王，成为一个品牌的灵魂人物与创造者，在享受当'老板'的成就感和收入的同时，把智慧和干劲发挥到极致"。

根据"醒狮计划"，只要某个高阶主管具备创业精神，愿意接受挑战，就有机会创建新的品牌。不仅是店铺同仁可以成为"狮王"，就算是在管理处任职，只要个性合适，创业机会亦均等。比如，当初台湾创办"夏慕尼新香榭铁板烧""艺奇怀石创作料理"的两位"狮王"，就是财务出身。

在王品，成为狮王，必须具备几个重要特质：领导的能力和艺术；战略眼光；忍辱负重的耐压性。执行力也是内部创业者必备的素质。连锁店最常遇到的问题是无法贯彻各项作业规范，常常是组织规模愈大，组织管理也愈涣散。为避免这个问题，彻底执行规范和标准变得重要。比如，西堤的蔬菜色拉，规定每根蔬菜的长度为17厘米，宽1厘米，只能有0.1厘米的误差。同仁因为不了解规定，切出来的蔬菜比规定的小。有位主管发现后，就让同仁亲手将自己切的蔬菜倒进垃圾筒。之后只要有同仁升任店长，都会收到他送给他们的一把尺，请大家自我警惕。后来，这位主管成为王品集团"原烧"的狮王。

找到合适的市场与品牌后，"狮王"必须向集团最高决策层中常会提案，接受各种意见与质疑。在王品内部，这被称为"草船借箭"。射过来的箭越多，新提案的疏漏之处和日后的障碍就看得越清楚。王品相信，认清了问题，就解决了一半的问题。因此，没有人会吝啬在会议上放出自己的箭矢，而接箭的人亦乐于自己的提案被射成刺猬。提案通常要经历两三轮"借箭"。如果最后中常会投票同意，"狮王"就可以开始研发、试菜，并正式实施开张第一家店的所有计划。

摇醒沉睡的狮子，成为王品早期发展的关键。2001年，王品正式启动"醒狮计划"。同年7月"西堤牛排"成立；8月，在美国开设Porterhouse Bistro；2002年，陶板屋成立。"醒狮计划"使得王品的百草园欣欣向荣，让公司突破10亿元营收天险。更重要的是，它让王品的人力资本力量不断得以增强，并种下了内部创业的DNA。

> 韩愈有言："术业有专攻"。让专业的人做专业的事，才能充分发挥人的潜能，并把事情做到最好。

一个负责生、一个负责养

完成了一天的工作，陈董事长正准备离开办公室。楼道里，看见保洁的宋阿姨还在忙着打扫卫生。"咦，这么晚了，宋阿姨怎么还没忙完？"走近一看，原来是一间办公室刚完成装修，装修工留下了一大堆建筑垃圾，宋阿姨正忙着清扫。"宋阿姨，这个保洁工作不是应该由装修队来做吗？"宋阿姨看见是董事长，显得有些局促不安："陈董事长，装修队赶着回去，因此……想让我把这个扫尾的工作做完。"看见董事长好像没完全听明白，宋阿姨赶紧又补充："我把公司的保洁事情完成了，今天晚上没什么事，所以……"陈董恍然大悟，原来装修队图省事，把装修保洁的事情转包给了宋阿姨。"没关系，没关系！只是，宋阿姨要注意身体，别太累了啊！"陈董事长关照了宋阿姨两句，转身离开。

宋阿姨忙完了公司的工作任务，下班后自己接些事情做，无可厚非。装修队做自己擅长的工程，保洁阿姨做自己擅长的清扫，算是合理分工，各展所长。韩愈有言："术业有专攻"。让专业的人做专业的事，才能充分发挥人的潜能，并把事情做到最好。无独有偶，在公司事业版图扩大的进程中，王品内部创业亦是沿着这个新思路施展开。

在王品的成长历史中，狮王的一个灵感带来一个品牌的故事比比皆是：小女孩眼中的幸福味道成为台湾品田牧场特有的标识，陶板屋的创业灵感来自日本的一次试吃……几乎一个创意就能引发一段创业。

然而，狮王创业模式对于狮王的要求极其高。每一个"狮王"就是一个品牌的CEO，他不仅要有市场敏感度、擅长捕捉市场机会，还要能开拓市场，并且要善于经营，懂财务、营销、管理和培训等，一个人需要精通全盘的专业知识，面对的压力实在太大。因此，从2007年开始，王品集团尝试"商机创业小组"，整合集团内的财务、品牌和人力资源，以支持狮王。有正式创新品牌的狮王若需要借调他品牌的运营人才，该品牌负责人必须无条件支持驰援。如今，王品更是专门设立了一个"事业发展部"，由该部门主导，市场部配合，开展市场调研和消费者洞察，找出潜在的商机，开发新的品牌，之后再把新品牌转交给专门的运营人才负责运营。在王品内部，这种创业模式被称为"组织创业"，简单说就是："一个负责生，一个负责养。"

花隐是王品第一个运用组织创业模式设立的品牌。以英美惠为负责人的事业发展部在成立后，遵循"十字形"品牌发展战略，以三百多元的价格作为新品牌的突破口。原因很简单，这个价格与王品牛排的价格相近，所针对的消费者是王品最熟悉的。与此同时，通过餐饮行业的大数据分析和消费者访谈，他们发现消费者的口味正趋向于清淡和食材的原味，日本料理是符合消费者趋势的品类之一。反观当时的上海市场，日本料理还是以自助餐的形式为主流，大多以"吃到撑"来吸引顾客，被顾客戏谑为"扶着墙进来，再扶着墙出去"。能不能提供一款让顾客吃得更有品质、更从容的中高端餐饮呢？日本的怀石料理由此映入了事业发展部的眼帘——让消费者以300多元的中端价格体验到高端的日本料理。

花隐新品牌的提案获得王品中常会的批准后，选拔出的新品牌事业处负责人迅速走向前台，开始菜式研发、选址，市场部也同步深度切入，进行品牌形象、餐具等五官体验的设计，新事业发展部则退到了后台，对后两者进行辅佐和指引。

在王品的组织创业模式中，事业发展部、市场部、事业处负责人，这三个部分构成了一个铁三角。事业发展部负责寻找商机，市场部负责完善品牌的定位、营销战略，事业处负责人负责品牌的运营。三个部分专业分工，主次轮动，彼此协作，不断催生新的品牌。这样一来，创业不再是一两位狮王的个人责任，而是以公司之力全力呵护新品牌的诞生，既避免了人才短缺的问题，又能让专门的知识和经验在一个固定的部门里积累，沉淀为组织的知识。

企业家创业需要老板英明神武、具有高度市场敏锐度，这种人才天赋异禀，很难复制。同时，一个人拍脑袋容易思路跑偏或受到局限。或许只有更理性的组织型创业，才可以匹配今天王品的发展规模。

> 出于情感因素，或者侥幸心理，遇到投资失利，经营者往往不愿壮士断腕，徒劳地去抓眼前的每一根稻草，最后不仅是损失金钱，还可能输掉优秀的人才和团队。

一五一方程式

无论最初的设计是多么完美，创业仍有可能遭遇失败。创新品牌或开拓新店，是对未知提出的勇敢挑战。就算拥有丰富的创业经验，你也无法保证自己次次都能成功。

王品在第一次做牛排品牌时"赔到爆"。在美国开办的Porterhouse Bistro，尽管口味颇受好评，甚至被雅虎网站选为"全美最好吃的牛排馆之一"，却因人力成本高昂，侵蚀营收，苦撑五年后，最后赠送给了美国籍的总经理。2008年，"打椒道"作为集团的第二个平价品牌推出，但开张两个月内客流人数始终达不到一百，只好认赔投入的1 500万元新台币退出。

在大陆，王品集团也曾开办过一个独具特色的火锅品牌——丰滑。丰滑火锅首创了火锅酱料台，采取酱料自助，三十几种蘸料分几层排开，食客想吃什么就可以去拿什么，可以自己调配食材各种各样的滋味。这种做法广受食客欢迎，引得其他火锅店争相效仿，以致流行到现在，几乎成为所有火锅店的标配。然而，丰滑火锅门店数量的扩张过于谨慎，因此未能在大中城市站稳脚跟，风头很快被追随者盖过，只好在 2010 年黯然熄灯。

创业既需要永不言败的勇气，也需要顺势而为的头脑。遇到困难的项目时，决定何时坚持、何时放弃往往是管理者最令人头痛的挑战之一。因此对于创业，王品制定了自己的一套标准。

王品对新品牌的要求是：五年内的营业额一定要达到 1 亿元，净利 10% 以上，倘若达不到此标准，就必须考虑撤掉。这就好比是"子弹先行、再射炮弹"。吉姆·柯林斯在《选择卓越》中曾说，古代海战的时候，舰船上的弹药有限。因此每逢遇到敌舰，是先用子弹来校准炮弹发射的轨道。一旦子弹能射中目标，那么就能根据子弹的轨迹校准炮位，一举击沉敌舰。反过来，如果子弹无法击中目标，那么还是节省些炮弹比较聪明些。

在拓展新店方面，王品以"一五一方程式"来评估投资，即一年营收要达到开店投资额的五倍，获利至少要一个投资额，才算及格。举个例子说，一家店的期初投入成本 200 万元，那么它的每月营业额至少要达到 85 万元，一年完成 1 000 万元的营收、200 万元的盈余。

这个方程式的参数当然需要随着环境的变化做出一些调整。但它的真正意义在于，必须审慎思考："若要在有限的市场中稳赚不赔，开店只能投入多少资金。"举个例来说，在某家新店，如果平均每一个客人消费单价是 150 元，一天大约服务 200 位客人，一个月的营业额是 90 万元，一年的收入是 1 080 万。以"一五一方程式"来计算，包括添购设备、装潢在内，这家店最多只适合投入 116 万元的资产。最初进入大陆开张第一家分店时，王品牛排在短短四个月即获利，创下台商在上海开餐厅最短时间盈利的纪录，其中的关键就是根据"一五一方程式"实施评估，把开店成本控制在 120 万元以内。

当然，与开创新品牌偶有失利一样，王品也会有分店经营不佳。如果一家分店连续 6 个月的获利都低于 25%，总部就便会启动协查机制，深入了解到底是店长经营的问题，还是选址的问题。万一问题出在店长身上，就实施辅导或调换店长。若是地点的问题，那就尽快选定新地点。虽然是二次投资，花费更多，但总要好于苦守寒窑，继续赔钱。

无论采取哪种做法，有一个底线原则，王品却从不会打破：如果数字无法显示业绩在进步中，总部就会坚决地采取关店措施。比如对于新品牌开新店，如果运营满两年时最近六个月平均获利率未达 A%，闭店机制随即启动。如果该店营运最近六个月平均获利率虽未达 A%，但获利率明显逐月上升，且最末月之获利率达 A%，那么这家店列入观察，暂不启动闭店机制。对于既有品牌的老店及新店，闭店机制启动的标准是，最近一个完整财年平均获利率未达 A%。

经验说明：半死不活的企业拖得愈久，团队士气愈低靡，最后只会赔得更多。创业不易，弃业更难。出于情感因素，或者侥幸心理，遇到投资失利，经营者往往不愿壮士断腕，徒劳地去抓住眼前的每一根稻草,最后不仅损失掉金钱,还可能输掉优秀的人才和团队。虽然承认落败是一件痛苦的事情,却是企业经营的必要责任。看清形势,对症下药,才是对股东和同仁真正负责。

王品
你没有全尝到

创业，维新初心

> 余下的人生，是打工还债，就此止步，还是继续创业，实现梦想？

鸵鸟失乐园

1993年11月15日，正是晚饭时间，电话铃声突然响起。26岁的同仁曹原彰慌张的声音从听筒里传来："老板，菜商突然通知我，明天不给我们送菜了！""明天"是"王品牛排"创始店开张日。菜商觉得没跟王品打过交道，担心货款落空，心一横，单方面反悔了约定。菜商临时变卦，一位王品创业伙伴的太太只好第二天清早五点就开车出门，亲自去菜场采购当天开业所需的食材。看到老板娘亲自出来救急，心急火燎的曹原彰这才松了一口气，王品牛排的第一家分店也终于在艰难中开张。

因为没钱做宣传，虽然正值中午用餐高峰，店里却没有一个顾客上门。曹原彰闲得发慌，坐立不安，只要一看到有人站在门口驻足探望，就立刻起身招呼："欢迎光临……"到了傍晚五点多，终于有第一对客人推开店门。"二十几年过去，我仍对当时的感恩心情记忆犹新。"王品的一位合伙人说："我感动得真想给他们下跪！"

王品牛排开张第一天，总共来了七位客人。第二天也是七位。第三天十五位，苗头不错！增长了一倍。第四天，一下子暴增到五十位！厨房顿时手忙脚乱！几位合伙人悬在半空的心，这才终于落地。

王品牛排不是几位合伙人第一次艰难创业。陈正辉去南非度蜜月时，与去那里旅游的戴胜益相识，俩人从此无话不谈，成为莫逆之交。回到台湾，他俩谈到一只鸵鸟皮包要卖到两万元新台币，都觉得把鸵鸟引进台湾养殖是个吸引人的创业主意，俩人一拍即合，决定用鸵鸟创业。

创业首先要解决的是资金。陈正辉当时在一家公司上班，蜜月旅行之后，家中存折里总共不超过五千元新台币。戴胜益刚刚离开父亲经营不错的三胜帽业，基本上算是净身出户。于是，戴胜益抵押上自己的房产，好不容易凑足了五百万元新台币，刚好可以买五十只幼鸵鸟。

汇出钱款一个月后，满怀希望的陈正辉，冒着酷暑去码头提货。没想到，打开木箱一看，五十只幼鸟，竟然死了四十八只！只有两只幼鸟挺过了海上颠簸的旅程。这意味着，五百万新台币投资，蒸发得无影无踪。仿佛是一下子掉入了冰窖，他呆若木鸡地站了好一阵子，才垂头丧气地回家。他不得不认真思考一个问题：余下的人生，是打工还债，就此止步，还是继续创业，实现梦想？

就算是到了黄河边上，陈正辉的心仍不肯死。他和戴胜益又东借西凑弄来五百万元新台币。这一次，他们运来十八只成年鸵鸟，加上先前的两只幼鸟，正好二十只。大家为这些鸵鸟盖起鸟棚，期待"鸟生蛋，蛋孵鸟"，希望又在心中重新点燃。

但是，养鸵鸟的路一波三折。陈正辉有一次外出，夫人英美惠独自一人在鸟棚中照顾这些鸵鸟，却没想到强烈台风突然来袭。眼看鸵鸟棚就要被台风掀翻，外援一时又难以获得，英美惠决定独自解决问题。于是，人们看到，狂风暴雨中，一个弱小女子身影跌倒又爬起，再次跌倒又再次爬起，一群体型硕大的鸵鸟尽管惊慌失措，却在她的努力驱使下，被转移到了安全的地方。与此同时，远在外地的陈正辉焦虑到了极点。台风导致通讯中断，英美惠信息全无，而且风力还在加强。他顶着台风狂飙几个小时，忐忑不安地赶到养殖场。一眼看到英美惠坐在鸵鸟群旁，顿时欣喜若狂，顾不上英美惠满身的泥浆，给了她一个紧紧的拥抱。

鸵鸟的一只鸵鸟从幼鸟到成鸟要两年的时间，鸟蛋孵化出的幼鸟成活率也很低，经过这次台风考验后，合伙人们更是意识到鸵鸟饲养艰难。大家资金有限，怕是无法支撑到鸵鸟制品实现量产。在非洲，鸵鸟不仅可以提供肉制品、皮制品，还可以供游客欣赏，供游客骑玩。既然台湾还没有鸵鸟乐园，能不能由我们来开办第一家？1990年，合伙人们的鸵鸟主题乐园开张。第一天，他们迎来了六十位游客。

这点客流量怎么能支撑乐园的运行？于是，一群黑人受邀来到乐园，手持狩猎的长矛跳舞，扮演南非的祖鲁原住居民。小虎队崭露头角，也被立即邀请到游乐园开演唱会。在没有因特网、连电视台也只有几个频道的年代，这种适合全家出游的地方，立刻成为了热门景点。游乐园挤满了人，第一年的营业额就逼近两亿元新台币。趁着快速增长的势头，合伙人们在台湾一口气又开办了四家游乐园。

一张鸵鸟园的全票当时是近两百元新台币，价格并不便宜。但鸵鸟游乐园门口天天人头涌动，设了四个售票亭还是无法缩短排队长龙，不得不再临时加派人手到入口处出售门票。售票小姐忙到把钱放进钱箱都没时间，一只手递出门票，另一只手接过钱就丢在售票亭的地板上。

每天直到晚上打样，才有机会清点收入。因为银行已经下班，一开始所有的现金都放在办公室的保险柜内。没想到，却引发歹徒觊觎，整个保险柜都被搬走。这次事件过后，他们不得不把现金囫囵地按照体积分成一堆堆，装进麻袋，各自放入汽车后备箱当天运回家！

谁也没料到，来得快的东西，往往去得也快。游乐园的确好玩，可是大部分游客都是玩一次就失去新鲜感。为了吸引回头客，只好每年再添加设备、做广告，结果很快又把第一年赚的钱赔了进去。表面上，他们成为台湾小型游乐园霸主，实际上却是进口袋的少，出口袋的多，令人苦不堪言。

在最糟糕的时期，公司负债近两亿元新台币，每月要还的利息就高达百万元。那半年，公司的合伙人们几乎每天晚上都睡不踏实。一上床，就开始担心"明天会不会又多出一笔债？"早上醒来，是苦恼"今天又可以向谁去借钱？"一旦设法借到了钱，就立即一路小跑赶到银行,在银行下午3点半关门之前还掉旧债。因此,每天下午3点31分,往往是他们最快乐的时刻。但是到了晚上,又翻来覆去地睡不着,甚至盼望从此一眠不醒。

> 公司上上下下，齐心协力，共同研究"如何让一块牛排做得更好吃"！

一头牛仅供六客

掰着手指头算，1990 年至 1997 年间，这群创业热血"青年"一共创立了十个业务实体，唯有"王品牛排"发展壮大，因此王品集团可谓是"九死一生"。除了四家小型游乐园，集团还陆续开办有"外蒙古全羊大餐""全国牛排""一品肉粽""吉尼斯世界博物馆"。"外蒙古全羊大餐"是一家富有异乡情调的餐馆。餐馆请来蒙古力士表演摔跤，顾客可以边吃饭，边看表演，孩童还可以逗小羊玩。

"吉尼斯世界纪录博物馆"是台湾唯一获得吉尼斯总部授权的博物馆，投入资金一亿多新台币，由英国人亲自设计装修。每一件展示品，如"世界最高的女人""世界最胖的男人"都由英国原装进口。

"全国牛排"是他们在 1993 年开办的牛排自助餐厅，仅需 299 元新台币，就可以随便吃，直到肚子撑圆。正是在那一年，李森斌决定辞去原来的工作，拿出自己的全部积蓄，加盟集团。李森斌那时只有 31 岁，却是几个伙伴中资历最深的餐饮人。他曾经在一家知名连锁餐饮企业一路从店长、区经理做到总经理特别助理，因此集团请他担任全国牛排的副总经理。

那段时间，因为公司的业务过于庞大复杂，每个人都忙得脚不停蹄，累得要命。戴胜益和陈正辉忙着筹集资金，要么是奔赴大城市寻找商机，要么是轮番去高雄、台南、台中巡视店面。时任王品集团财务长杨秀慧来自四大会计师事务所之一，每天既要处理游乐园的动物死亡报告，还要为五十元一粒的肉粽做账；每当游览车一到，又去充当吉尼斯世界纪录博物馆的解说员。李森斌负责的牛排店刚刚开张，人手不足，这个副总干脆卷起袖子去厨房帮忙。有一次，戴胜益去"全国牛排"巡店，却四处找不到李森斌，一路从大厅找到厨房，这才发现副总李森斌为了救解同仁短缺之急，正蹲那里洗碗！

每个人都在付出百分百的努力，但是大部分的业务却始终赚不了钱，这不得不促使每个人思考"为什么会这样？"游乐园属于爆发性强、短打型事业，时机和运气占了大半，很难吸引回头客。这个团队的确擅长营销，但台湾的市场有限，狂轰滥炸地做营销根本就是一种浪费。虽然业务进入了餐饮业，却沿袭了惯有思路，没有把"餐"作为根本。强调"噱头"的"外蒙古全羊大餐"，充其量只是"可以吃饭的游乐园"，客人来一次就足够。"全国牛排"更是在傻愣愣地玩赌博游戏：店家赌客人吃不了那么多，客人赌的是一定要吃够本！

细数下来，创办的业务实体中，唯有王品牛排店自开办以来一直在盈利，五年之内展店超过七家。

"王品牛排"的主菜来自王永庆先生的家宴。当时，台塑集团成长为台湾规模最大的企业集团，与欧美客商的宴请频繁。然而，陪客人吃带血水的牛排，是王永庆先生头疼的一件事。体贴丈夫的王太太经过反复尝试，烹饪出一种既有西餐牛排外形，又有传统中式味道的牛排。这款牛排成为台塑集团招待贵宾的一道固定菜式，广受客人欢迎。

"把这款牛排推向市场，肯定会受到顾客的热捧！"抱着这样的想法，他们设法找到王永庆先生的住址，蹲候在大门口多日，终于见到了正要出门的王太太。他们小心翼翼地把想做这款牛排的想法说出，爽朗的王太太一口答应与先生商量此事。三天过后，喜讯传来，出于对年轻人的鼓励，王家不仅透露了烹饪方法，而且允许王品使用"台塑"的招牌。

为了更加适应顾客的口味，"王品牛排"还得继续改进。经过几个月的试验，王品的创业伙伴们发现，做牛排最好的原料是牛的第六至第八对肋骨，这几对肋骨在250℃烤箱中烘烤90分钟味道仍然鲜嫩，而且正好符合骨长17厘米、重450克的最佳规格。算下来，一头牛只能烹饪出六客牛排。

好产品找到了，营销当然也要赶紧跟上。王品采取限量法刺激消费。"台塑牛排"是王永庆先生款待贵宾才拿出来的佳肴，给人一种高贵的感觉。王品每天限量销售，一天不超过100份，制造市场的短缺效应，顾客反而纷至沓来。

不过，也有搞糗的一刻。1995年，第五家王品牛排分店开张，王品在报纸上登了一个广告，并排放上"王品牛排"和王永庆的照片，标题是："你想成为王永庆的贵宾吗？"没过多久，王品就收到来自台塑管理处的信函。

意识到玩过了边界，陈正辉赶紧代表公司去台塑登门道歉。台塑相关负责人严肃地说："你们知道王永庆先生有多生气吗？他一看到就把报纸扔了出去！"陈正辉真心实意地代表公司承认错误，并恳请对方体谅年轻人的创业不易。

做企业绝不能过分倚重营销，却轻视管理。对于"好吃"的关注，使得"王品牛排"回归餐饮的本源，并获得了稳定的客源。找到这个获利成长的方程式，王品的创业伙伴痛快地结束手上的其他业务实体，只留下"王品牛排"。公司上上下下，齐心协力，共同研究"如何让一块牛排做得更好吃"！

新的市场意味着新机遇，也意味着更多的学习和挑战。

骑自行车找店铺的董事长

1999年9月21日凌晨1时47分，阵阵巨响传来，台湾发生了7.6级的地震。这场20世纪末台湾最大的地震，是对当地经济的再一次重创。当时，大陆以"全球工厂"的方式迅速崛起，廉价的人力成本吸引大量台资西进，台湾的工商业已经失去了景气。"九二一"地震后，厂房震毁的企业索性放弃了重建，奔赴大陆另起炉灶。最喜欢惠顾王品牛排的中高端商务人士走了，王品生意也一落千丈。那一年，王品的年销售额暴跌25％！

王品必须针对不同消费群体，开出不同品牌；必须走出台湾，也去其他市场实施发展！在启动"醒狮计划"拓展品牌的同时，王品开始摸索宝岛外市场。

2003年初，身为集团副董的陈正辉，当起两岸的空中飞人，奔波于台湾和大陆，筹备王品牛排在上海的起步。不过，初到大陆的陈正辉，立刻就闹了几个大笑话。

当时，上海正值寒冬二月，室外几乎滴水成冰。在外面跑了一整天之后，人累得够呛，因此回到住所后，他赶紧洗漱完毕，脱下鸭绒服，钻进棉被打算睡个好觉。没想到，人却越睡越冷，怎么也睡不着！感觉到房间里的温度并不比外面高多少，陈副董只好把鸭绒服穿上，再压上厚重的被子。可是，一整晚，还是冻得直打哆嗦……这样挨了两三天，身体实在受不了，只好去隔壁敲门求助。

令人意外的是，隔壁屋子一点也不冷！推开房门，一股暖气扑面而来。"你没开暖气吗？"邻居指指挂在墙上的一台电器设备。"那……不是冷气机吗？"陈正辉一脸茫然。"夏天吹冷气，冬天吹暖风啊！"陈正辉这才知道，当地的空调是冷暖两用的，从温暖南方来的他，实诚地白白冻了三晚！

另一次"撞玻璃墙"发生在解决"温暖问题"之后。为了寻找一家好的店面，陈正辉跑遍了上海的大街小巷。上海是个大都市，靠两条腿去丈量是不可能完成的任务；但一路开车不仅看不仔细，还得分神找停车位。他在台湾就喜欢骑自行车运动，索性在上海也买了一辆，骑着它在市区绕来绕去。原本以为自己找到了捷径，没想到名片一递，大楼管理员狐疑地打量他几眼，当场就把他轰了出去："副董事长？哪家公司的副董事长会骑自行车物色店面？你们是皮包公司吧！"话音刚落，大门咣当一声关上，留下陈正辉一个人站在风里懵圈。

他这才意识到，自己光图脚下便利，却忘记了"人靠衣装，马靠鞍装"。看见对方风尘仆仆地骑着自行车，对方习惯性认为来者只是个穷光蛋。一个生意良机于是彼此错失。

2003年，王品集团在上海开出了大陆的第一家店面——王品牛排仙霞路店。刚刚在大陆开始经营的那段时间，几乎天天都出状况。王品牛排仙霞路店开张第一天，大门吊顶就掉下来；为客人开门，门没拉开，门把手却抓在手中；营业高峰时期，电路却突然出了故障。客人们正在安静地用餐，女厕所却传来"砰……"的巨响，同时听见一声惨叫："救命啊……"原来，装修工人没把厕所门的螺丝拧紧，客人一推，整扇门直接扑倒在地。

不仅装修施工品质问题重重，牛排也被客人抱怨味道不正。赶紧一步步去排查：先看烹调程序和设备，没问题！再看原料，牛肉没有问题！奇怪，问题出在哪里呢？一群人在厨房里东摸西找，仔细侦查牛排走味的"凶手"。"找到了！"厨师突然大叫。众人围上去一看，厨师手里举着一瓶"龟甲万"牌酱油，轻轻一扣标签，底下居然还有另一张不知写着什么的标签。一瓶山寨"龟甲万"！

新的市场意味着新机遇，也意味着更多的学习和挑战。王品足足付了两年的学费，才摸索出大陆市场的生存之道。尽管当时许多人都说王品来错了地方，今天再回首，当时所坚信的大陆是王品未来的理念是正确的。

2013年2月，王品集团的一个全新品牌在上海诞生。"花隐日式怀石料理"开出了第一家分店。它是王品集团立足于大陆本土，倾心打造的全新品牌。2015年，王品的中餐品牌"鹅夫人"落户上海，王品又开始了新的旅途。到2017年9月，王品集团旗下已经有66家王品牛排店、47家西堤牛排、14家花隐日式怀石料理、12家鹅夫人港式餐厅、1家蜀三味川菜扎根大陆。内地的广阔市场给王品的发展提供了丰沃的土壤。

> 关键在于，你必须在第一曲线到顶之前，就开始创造第二曲线。

鹅夫人试画第二曲线

2016年9月21日，大陆上海的第一本米其林指南发布。消息一出，立刻火爆朋友圈。各路食客翘首以盼，都想去米其林餐厅享受摘星大餐。

王品旗下的"鹅夫人"名列米其林一星餐厅。作为那年米其林一星餐厅中唯一一家百元价位的餐厅，鹅夫人在用餐高峰时一位难求。

鹅夫人莘庄店是王品在2015年9月才新创的一个粤菜中餐品牌，也是王品首次经营的"非套餐"的品牌。众所周知，中餐因为菜品的多样化和特色化，带来食材、供应链、厨师手艺等方面的高复杂性，在业内素来被视为是最难进行标准化的，连锁经营的难度大。二十多年来，王品以日料、牛排等异国料理为主，核心能力在于中高端价位的套餐，从未涉及过中餐。那么，为什么王品这次要开发中餐品牌——鹅夫人？

欧洲管理大师查尔斯·汉迪（Charles Handy）曾经提出过一个第二曲线理论，即无论对于个人还是企业而言，任何一条增长曲线都会有一个抛物线的顶点，因此应该在第一条曲线尚未走下坡之前，为自己开创第二条曲线。简单说，就是要及时大胆改变。关键在于，你必须在第一曲线到顶之前，就开始创造第二曲线，否则不会有足够的资源或能量，来支持第二曲线所需的初期投资。

这个概念听起来很简单，做起来却很困难，因为"当你知道你该走向何处时，你往往已经没有机会走了。"在企业最成功的阶段，凡事无往不利，大家都想维持现状，没人想去改变。创造新的曲线，往往得不到大多数的支持。有太多的企业，因为错过了转向未来的关键路口，等发现为时已晚，只能怀念过去，空叹错失了改变的机会。

在推出鹅夫人之前，王品旗下的西餐、日料品牌已经达到15个，接近饱和，亟待开拓王品的第二增长曲线，发展全新的核心能力。中餐连锁是当前市场的一个发展趋势。经过仔细的分析，最终王品在众多菜系中锁定了川菜和粤菜，因为它们在大陆是口味障碍最小的菜系。放眼中国的天南地北，几乎每个城市都有川菜和粤菜，人们已经普遍接受了这两种口味。

至于进入的顺序，王品决定先拿粤菜试水。如果粤菜能有所突破，再突破其他菜系，会更容易些；当然，也有定价上的考虑。之所以从粤菜品类切入，是因为：第一，粤菜已经成为中餐的一大菜系，在全国市场普遍流行；第二，粤菜可以涵盖早、中、晚餐和下午茶，多餐能创造多盈利点；第三，粤菜中的香港餐厅具有中西融合的特点，有些菜式偏中国风格，有些菜式偏西方风格，这对于对中餐不熟悉的王品来说，可以起到过渡作用。

进入中餐后，王品原先的套餐模式似乎有些不太适用。鹅夫人的菜品达到了 50 种，管理的复杂性远远高于套餐。因此，王品用 TOP10 的菜品来引导消费者点餐：1 个明星产品，9 个招牌菜，增加这 10 道菜的点餐率。基本上这 10 道菜的点餐率在 70％ 左右，因此只要专注把这 10 道菜做到 95—100 分，就能令绝大多数食客满意。当然，其余的 40 道菜也要做到美味，也要有品质，但也许只需要做到 80 分就足够。

中餐通常尽量避免中央厨房，因为经过了中央厨房后，食材的风味会有损失，或者在二次加工的时候，风味容易折损。中餐的前厅后厨的模式，正是王品的擅长。王品的 400 多家店没有一个中央厨房。在过去二十多年间，王品依靠训练、标准化作业，没有中央厨房也可以做到品质稳定。前厅后厨的能力在中餐鹅夫人身上得以充分发挥。

一旦新品牌运作成功。王品将遵循既有的"十字形"品牌发展战略，即以同一价格带、同一消费群为横轴，以同一品类向上、向下延伸为纵轴，在一横一纵上寻找商机。

当下，王品在大陆锁定的另一个目标是川菜。新的川菜品牌叫"蜀三味"。古蜀有三国，川菜有三味，一香二麻三辣。王品期待这个品牌能地道地诠释川菜的这三种经典味道。

与此同时，王品在台湾也发力中餐，切入点是代理品牌——"PUTIEN 莆田"。"莆田"是一个在新加坡大受欢迎的品牌，并且已经进入大陆，常常一座难求。2015 年陈正辉在新加坡与星洲"莆田"

餐饮集团首席执行官方志忠签约，宣布王品引进莆田集团的"莆田"中餐厅进入台湾。王品与新加坡莆田双方在台湾设立"王莆餐饮股份有限公司"，其中王品占 7 成股份、莆田占 3 成股份。

不仅努力自创中餐品牌，而且以代理或合资方式引进国外餐饮品牌，尝试餐饮运营管理公司的新角色，王品正在推开一扇扇新的大门，实施"王品维新"。或许，这正是王品第二曲线的起点。

等到企业最终只剩下一批只知道苦干的"劳工",公司的命数也就变得指日可望。

未来三十年之宏愿

王品在二十多年的发展过程中,创下一个个辉煌。2012年不畏台湾股市大盘下跌及美国牛肉瘦肉精事件的冲击,王品的股票以每股340元新台币挂牌。上市首日收盘492元新台币,涨幅达45.59%,成为"新股王"。

2003年,王品来到大陆,十几年之间,王品在大陆新增了140多家门店,经营着六个品牌,每年的营业额达到40亿元。

如果追问王品成功的原因,首先要提到的是"简单"。

王品在创业初期,四处出击,不断地寻找各种商业机会。颇为奇妙的是,在不停地敲打机会之门的同时,机会往往也正在敲打你的家门。从王品牛排中找到的"套餐"模式,让王品之后走上一条"不太容易失败"的路。事实上,套餐模式让品牌管理简单化。在套餐的结构下,不管是做牛排,还是做炸猪排,都只是产品不一样,后台的管理都是一样,甚至于人员都是可以互相调配。管理变得简单,这才有了多品牌的王品。

专注是另一种生产力。在创业初期短暂尝试跨行业经营之后，王品不盲目扩店，不购买不动产，也不操弄财务杠杆，负债经营，业外投资更是敬谢不敏。王品全神贯注于以"精致西餐、大众消费"为主力的餐饮业，只打算把自己最拿手的事做到最好。有人或许说：王品未免太保守。但是，"君子务本，本立而道生。"只有心中有了目标，做事情的时候才不会各种条件和现象所迷惑，才不会偏离正轨，东一锤西一棒地瞎忙活。做企业犹如做人。如果王品这艘航船没有坚定的航向，无情的水流马上会替王品做出决定。

王品一切靠自己，有多少钱做多少事。即使举债，金额也不得超过资产的30%。王品不涉政治，不应酬党政关系，公司与董事长均不对外做背书或保证。因此，不管是金融海啸，还是时局变换，都不曾对王品的经营造成太大影响。王品的经营焦点，朝外，只有顾客满意；向内，就是做好该做的事。2008年全球金融海啸，全球景气一片愁云惨雾，王品集团却还有近百分之八的成长。2013年，内地高端餐饮纷纷关店、转型，王品的套餐模式却因为不设酒局，几乎未受到"严控三公"的影响。当年，王品"逆势而上"，在大陆市场推出花隐日式怀石料理这个高端品牌。简单和专注的力量显露无遗。

民以食为天。虽然大陆经济的发展进入新常态，GDP的增长趋于放缓，但餐饮业的是营收仍然在以每年10%的速度增长。与此同时，餐饮业的同业竞争正在加剧。北上广深四大城市的餐饮店数量每年都以50%以上的数量增长，每家店能获得的客源被逐步稀释。"互联网+"的时代到来,在诸多行业引发了产业革命。传统餐饮业纷纷以互联网的思维"触"网,利用互联网的工具进行营销推广。电商则试图运用线上系统掌握客源资料,建立电商和餐饮业的竞合关系。在竞争愈来愈复杂、竞争愈来愈激烈的背景下,王品不以单纯的数字扩张作为衡量标准,而是将小规模、限城市、多品牌作为三个重要战略。

小规模,指的是应该把规模缩小,把面积缩小。购物广场为了抵削电商给零售带来的影响,不断提升餐饮店面的数量,导致餐饮的比重节节攀升。原先购物广场的餐饮比重只有百分之十几,但现在有些购物广场的餐饮比重甚至超过了百分之五十。此外,商场的过度开发,也使得消费者的选择变得更多。很多一位难求的餐厅,排队的人数开始减少,或者不用排队。生意不错的饭店,客人也被慢慢分流。因此,在这样的情况下,小规模是一个重要的战略,要用"小"来提高营收比。这对于进入成熟市场又意味着什么?陈正辉解释说:"这意味着,原来你可以开100家店,现在可能只能开64家店。通常我们用八折开店法,因为你没有办法预测未来市场变化,所以我们预留20%的空间,在八折的基础上再打八折,以让每一家店可以活下来,即便市场有变化,每家店的活力也不会受到太大影响。"

限城市指的是王品在大陆已经布局37个城市,今后不会进入新的城市,而会在这37个城市里发展多品牌。这37个城市的GDP占了大陆的52%,因此王品已经等于拿下一半的大陆市场。把业务扩展到其他的地区，需要花费太多的努力，并不经济。

多品牌是与限城市相呼应的。王品给出的一个口号是区域市场多品牌。比如王品牛排已经在西安扎稳了脚跟，那么将来第二个品牌、第三个品牌就能以越来越低的失败率陆续进入这个市场。当你已经站在了一个市场里，你会对这个市场越来越熟悉，你的物流更容易配送，管理成本大幅度下降。王品每拓展一个新的城市，都以王品牛排为试水，"观察一个城市对餐饮品牌的吸收能力"，再让多品牌在同一城市内相互借力。餐饮单个品牌的增长力有限，王品未来更大的成长需要新的品牌来支撑。陈正辉指出："如今的消费者不太喜欢到处都有的大品牌，因为个性化、稀缺性不够，不够有特色。要满足不同族群，你的品牌就要变得更多，要开创更多的细分品牌。"

未来三十年，王品的宏愿是："30个品牌，1万家店"。很显然，王品心中揣着"大"，却一直也惦记着"小"。许多公司在成长为大型企业后，创业精神就立刻丧失殆尽。等到企业最终只剩下一批只知道苦干的"劳工"，公司的命数也就变得指日可望。要成为世界上最大的餐饮集团，并且做到经营永续，王品知道自己必须永远把创业和创新作为起点。如果始终给"小"留着位置，始终不忘记创业的初心，就能让众多小小的激情结出一家"大"公司"！

王品
你没有全尝到

附录：价值观和通则

王品九条通

一、敢拼、能赚、爱玩。

二、人生追求的三顺序:健康第一、快乐第二、成功第三。

三、多学一点、多做一点、多玩一点。

四、思想要深入,生活要简单,才有真正的快乐。

五、生命要尊严,生活要精彩。

六、人生短暂,不能等待;实现理想,无可取代。

七、企业的规模,取决于老板的气度;企业的长久,取决于老板的品德。

八、最大的成本是时间,最大的敌人是自己。

九、演戏可以彩排,人生不能重来。

家族宪法十一条

一、任何人均不得接受厂商 20 元以上的好处。触犯此天条者,唯一开除。

二、同仁的亲戚禁止进入公司任职。

三、公司不得与同仁的亲戚做买卖交易或业务往来。

四、举债金额不得超出资产的 30％。

五、公司与董事长均不得对外作背书或保证。

六、不作本业以外的经营与投资。

七、任何投资达到 EPS10 元。

八、奉行"顾客第一,同仁第二,股东第三"之准则。

九、惩戒时,需依下列四要件,始得判决:A. 当事人自白书 B. 当事人亲临 C. 公开辩论 D. 不记名投票。

十、同仁的考绩,保留 15％给"审核权人"与"裁决权人"作弹性调整。

十一、每月至少召开一次中常会,集体决策。

龟毛家族二十四条

一、迟到者，每分钟罚 20 元。

二、公司没有交际费。（特殊状况需事先呈报）

三、上司不听耳语，让耳语文化在公司绝迹。

四、被公司挖角礼聘来的高阶同仁（六职等以上），禁止再向其原任公司挖角。

五、王品人应完成"3 个 30"。（一生登 30 岳、一生游 30 个国家、一年吃 30 家餐厅）

六、中常会、二代中常会和二代菁英成员，每天需步行 10 000 步。

七、迷信六不：不放生、不印善书、不问神明、不算命、不看座位方向、不择日。

八、对外演讲每人每月总共不得超出两场。

九、演讲或座谈会等酬劳，捐给慈善基金会。

十、公务利得之纪念品或礼品，一律归公，不得私用。

十一、可以参加社团，但不得当社团负责人。

十二、过年时，不需向上司拜年。

十三、上司不得接受下属为其所办的庆生活动（上司可以接受的庆生礼是一张卡片、一通电话或当面道贺）。

十四、上司不得接受下属财物、礼物之赠予。（上司结婚时，下属送的礼金或礼物不得超出 200 元。

十五、上司不得向下属借贷。

十六、任何人若为政治候选人，不得因公徇私。

十七、购车车价不得超出 35 万元。

十八、不崇尚名贵品牌。

十九、不使用仿冒品。

二十、办公室够用就好，不求豪华派头。

二十一、禁止作股票，若要投资是可以的，但买进与卖出的时间，需在一年以上。

二十二、个人尽量避免与公司往来的厂商作私人交易。

二十三、除非是非常优秀的人才，否则勿推荐给你的下属任用。

二十四、除非是非常杰出的厂商，否则勿推荐给你的下属采用。

后　记

这是一个变化的时代。中国的餐饮市场无法例外。

尽管中国的餐饮业规模无惧中国 GDP 的下行，依然在以 10％左右的速度增长，餐饮业的进入者却在以更快的速度增加。2015 年以后，在风险资本和 O2O 模式的助推下，餐饮业新进入者更是呈几何级数增加。深圳、广州的竞争者增加近一倍，北京、上海等地的竞争者也增加了二分之一，其中不乏资本襄助的跨界者。这不仅意味着消费者具有更多的选择，也促使行业进一步裂变，产生了诸如主题餐饮、休闲餐饮、私厨、外卖、团购、半成品等新业态。

随着 80 后、90 后以及 00 后逐渐成为餐饮消费的主体，市场对于个性化、特色化、体验化、品质化需求越来越旺盛。手机也成为消费者决定去哪里吃饭的最受欢迎的工具。外出就餐时，青年消费者喜欢用手机拍照分享。对年轻消费者来说，吃饭已经变成一个社交、互动的方式。当然，如果发生餐饮消费的不满意，人们也习惯在微信等社交平台上进行吐槽。

一边是潮水般涌入餐饮业的创客们，一边是追求个性化消费体验的新人类。顺应这种时代的趋势，王品也在谋求变化，不仅仅是为了应对市场挑战，更是在把握未来。

在上海，王品旗下的西堤品牌正在重新定义西餐，打造中国新西餐的概念。起源于欧洲的传统西餐讲求仪式化，只有前菜用毕，侍者才会撤下前菜空盘，端上后菜。但传统西餐进入美国后，在加州，尤其是硅谷，却发生了变异。硅谷盛行分享和不拘小节的文化，人们在餐桌上也更加随意，由此发展出了分享式的休闲西餐。无独有偶，中国的餐桌文化也是以分享为精髓。当西餐遇到中国，逐渐也分成了两支：一是星级酒店里循规蹈矩的传统西餐，二是以欢乐分享为主导的西式快餐。王品清楚地看到，西堤目前所承接的年轻人目标客群，正是西式快餐快乐分享氛围中长大的80后、90后。基于这样的消费群定位，王品开始自我打破框架。首先是放弃西堤传统西餐的仪式化，采取休闲西餐的模式，所有菜品可以一起上齐，大家互相分享。与此同时，西堤提供单点菜品，喜欢吃的，可以单点，以响应年轻消费者就餐所习惯的随意化。在品牌标识方面，王品则为西堤设计出一个手握刀叉的小天使与小恶魔作为LOGO，令每个消费者看见之后都会莞尔一笑，很容易就明白这里可以作为朋友随性聚餐的一种选择。

不仅仅是用餐模式，西堤在菜品设计上也正在呼应新世代的消费者。大陆的新世代年轻人在互联网的熏陶下长大，并自小就享受到大陆经济高速发展带来的丰厚物质条件，对于西方的世界和美食不再陌生。针对这样的新世代客群，西堤推出了全球优质牛排产地直选。西堤从全世界重点肉牛产地，如美国、加拿大、澳大利亚、新西兰等地，筛选最好的牛种，选用最好的部位，烹饪后摆放在牛形餐盘中相应的位置，并起名"四国牛排联盟"。消费者不仅能在一道菜中享用来自不同国家、不同部位的美味牛肉，而且一看就知道自己口中的牛肉是出自牛身上的哪个部位。西堤的其他的菜品也力求跳出传统，汇聚西方美食，并融入东方元素。比如，菜单中加入了闻名世界却不属于传统西餐的意大利面、西班牙海鲜饭，以及包含东方风格的芝士奶茶等。

在台湾，王品牛排于2016年祭出了"一店一风格"策略：高雄博爱店设计成"游艇"的风格，呼应港都的意象；中坜因为靠近航空城，内装走"商务舱"的概念，服务员也向空乘看齐；高雄二店装饰风格走"工业风"，映射出高雄是一个工业重镇。凡此种种，都是根据不同所在地的环境，创造不同特色，以吸引到访新客群，擦亮老招牌。

王品甚至于不再固守二十多年来取得成功的套餐模式。2015年在上海创立的新品牌"鹅夫人"，不仅意味着王品从擅长的西餐进入中餐，而且标志着王品开始经营单点模式品牌。单点模式从一定程度上来说很难标准化，比如，因为客户点菜的随意性，服务员如何上菜、如何搭配、如何服务客户等都很难用标准化流程去规定。这些环节的改变，不仅延长了点餐时间，增加了相关成本，人员培训的难题和成本也由此产生。此外，单点菜品的采购和配送模式也比套餐复杂许多。随着对中餐的不断渗透，擅长标准化管理多品牌的王品必然会遇到挑战。

王品的商业模式在变，运营策略在变……那么，王品会不会最终变得不再"王品"？陈正辉对此的看法是，尽管王品的各个方面在顺势而变，但王品"以人为本"的内核却没有变，正是这种内核使得王品成为王品。

在采访过程中，我习惯使用的一个指代词——"员工"，屡屡受到诸多采访的对象纠正：在王品，没有员工，只有同仁。求解于工具书，明白"同仁"源自"同行仁德者"，后引申为"志同道合者"，我开始感叹王品文化推动者的缜密用心。即使是一个小小称谓，也被用来传递王品尊重员工的理念。

王品对于同仁教育的投入令诸多同行难以望其项背。王品每年会拿出营业额的 1.2% 作为人才发展基金。这笔钱全部花在教育训练上，是同仁们共享的职业发展基金。王品在大陆的营业额已经达到十几亿，一个百分点就是个不小的数字。这样的一笔巨额培训资金，或许在一流的科技企业中可以找到案例，但是在餐饮行业，却属凤毛麟角。

不仅要让同仁获得经济上的激励，还要让同仁有健康、有梦想，显然，王品在内部管理上在孜孜不倦地追求"顾客第一，同仁第二，股东第三"。王品认为，顾客是恩人，要想让顾客得到真诚完美的服务，必须先对自己的同仁提供真诚完美的照顾。正如星巴克CEO霍华德·舒尔茨说的："满意的员工，才会创造满意的顾客"。

公司照顾好同仁，同仁就会照顾好客户，进而照顾好公司的利润。无论策略如何调整，无论品牌如何演变，餐饮所经营的，本质上都是从心间到舌尖的美味关系。在王品看来，餐饮的最高境界，是让人尝到幸福的味道！

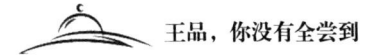

致 谢

笔者对在编写本书时给予帮助和建议的人士深表感谢。

在王品,董事长陈正辉、执行长李森斌、市场拓展中心总经理赵广丰、人资中心总经理李玉婷、管理部副总许侦微、市场部总监杨熠琳,以及诸多门店店长、店员向我生动地描述了发生在王品的故事,并对于我的提问积极回应,不厌其烦地予以解答,成为本书写作的基础。

对于王品在台湾的管理,在宝岛有诸多的图书、文章予以了总结和分析。它们主要有陈芳毓的《王品,不可思议》(台北:巨思文化2013年版)、王国雄、傅月庵、王品的《敢拼 爱赚 会玩》(台北:远流出版社2010年版)、高端训的《Wow! 多品牌成就王品》(台北:远流出版社2012年版)。费国祯、李采洪在2004年2月2日的《商业周刊》上发表有长达15页的文章作为杂志的"封面故事"。这些作品为本书梳理王品在台湾的发展脉络,提供了诸多启发和灵感,在此一并表示衷心感谢。

特别感谢上海社会科学院出版社的编辑应韶荃。在本书的撰写整个过程中不断与我沟通作品的框架结构、文字细节,并对这本作品进行了详细、周到和认真的评论,每一条建议都非常有助益,被我纳入作品之中。

最后,还要感谢这项工作中以各种方式给予支持的我的家人。

苑 辉

图书在版编目（CIP）数据

王品，你没有全尝到 / 苑辉采编．—上海：上海社会科学院出版社，2018
 ISBN 978-7-5520-2033-5

Ⅰ．①王… Ⅱ．①苑… Ⅲ．①餐饮业－企业－集团－企业管理－台湾 Ⅳ．①F719.3

中国版本图书馆CIP数据核字（2018）第214745号

王品，你没有全尝到

采　　编	苑　辉
责任编辑	应韶荃
封面设计	璞茜设计
出版发行	上海社会科学院出版社
	上海顺昌路622号　邮编200025
	电话总机 021-63315900　销售热线 021-53063735
	http://www.sassp.org.cn　E-mail：sassp@sass.org.cn
照　　排	南京前锦排版服务有限公司
印　　刷	上海景条印刷有限公司
开　　本	890×1240毫米　1/32开
印　　张	7.875
字　　数	155千字
版　　次	2019年3月第1版　2019年3月第1次印刷

ISBN 978-7-5520-2033-5/F·547　　定价：38.00元

版权所有　翻印必究